医药高等职业教育本科规划教材

健美操

主　编　张倩倩

编　者　（以姓氏笔画为序）

刁学慧（浙江药科职业大学）

王德磊（浙江药科职业大学）

韦　晨（浙江药科职业大学）

毛博华（浙江药科职业大学）

何　慧（浙江药科职业大学）

张倩倩（浙江药科职业大学）

魏　丽（浙江药科职业大学）

中国健康传媒集团

中国医药科技出版社

内 容 提 要

本教材是“医药高等职业教育本科规划教材”之一，是新形态活页式教材，本教材以其灵活性、时效性、互动性和环保性等优势，为健美操教学提供了更为高效、个性化的解决方案。全书分两篇共九章，从理论和实践两方面分别介绍了健美操运动的起源与发展、分类与功能、术语与动作名称、安全防护与预防、竞赛组织与欣赏礼仪、教学与创编、套路的学与练、专项素质练习方法、专项游戏等内容。活页式设计使得教材内容易于更新和调整，保持教材的时效性和个性化。本教材为书网融合教材，可以通过扫描二维码学习健美操技术及动作视频，拓展学生的知识面，加强直观教学效果。

本教材结构清晰，图文并茂，形式多样，不仅可以作为健美操必修课教材，也适用于各类院校的公共体育选修课教学，还可以供业余健美操爱好者参考使用。

图书在版编目（CIP）数据

健美操/张倩倩主编．－－北京：中国医药科技出版社，2024．8．－－（医药高等职业教育本科规划教材）．
ISBN 978－7－5214－4761－3

Ⅰ．G831．3

中国国家版本馆 CIP 数据核字第 2024PD4768 号

美术编辑 陈君杞
版式设计 友全图文

出版 **中国健康传媒集团** | 中国医药科技出版社
地址 北京市海淀区文慧园北路甲 22 号
邮编 100082
电话 发行：010－62227427 邮购：010－62236938
网址 www. cmstp. com
规格 787mm × 1092mm $^{1}/_{16}$
印张 9 $^{3}/_{4}$
字数 228 千字
版次 2024 年 8 月第 1 版
印次 2024 年 8 月第 1 次印刷
印刷 北京印刷集团有限责任公司
经销 全国各地新华书店
书号 ISBN 978－7－5214－4761－3
定价 48. 00 元

获取新书信息、投稿、为图书纠错，请扫码联系我们。

数字化教材编委会

主　编　张倩倩

编　者　（以姓氏笔画为序）

刁学慧（浙江药科职业大学）

王德磊（浙江药科职业大学）

韦　晨（浙江药科职业大学）

毛博华（浙江药科职业大学）

何　慧（浙江药科职业大学）

张倩倩（浙江药科职业大学）

魏　丽（浙江药科职业大学）

PREFACE 前言

在体育运动的万花坛中，健美操以它独树一帜的风姿，将艺术、体育与文化融为一体，演绎着追求健康与美学的双重篇章。健美操教学注重身心全面发展，健美操课程思政教育融合创新，塑造健康体魄，培育人格品德。

本教材全面而系统地构建了健美操教学的综合知识体系，分两篇九章，覆盖了从健美操的基础理论到实践应用的各个方面。第一章至第三章，详细阐述了健美操的基本理论框架，包括其起源与发展、分类与功能、术语与动作名称，为读者打下坚实的理论基础。第四章和第五章聚焦于健美操运动的安全防护与预防、竞赛组织与欣赏礼仪，展现出了对参赛者身心健康的全面保护，以及对规则的尊重和文化礼仪的重视。第六章至第七章，则着重于实践操作层面，不仅介绍了多种自编套路和有效的练习方法，还特别强调了教学指导的艺术，包括如何进行正确的示范、纠正错误动作及激发学员的积极性，确保每位教练或教师都能掌握高效的教学技巧。此外，书中还特别纳入了创编步骤与编创原则的内容，引导读者学习如何创造性地设计出新颖有趣的健美操内容，这一部分极大地促进了读者的创新思维与实践能力。第八章为健美操训练者精心设计了一系列专项素质练习方法，确保了训练流程的科学性和高效性。从初期的热身准备到核心的主训练，直至最后的冷却恢复阶段，这一流程都严格遵循渐进式负荷原则，力求在安全的前提下实现训练的针对性和平衡发展。其根本目的在于系统性地增强运动员的各项综合能力，从而促使他们在表演中能够展现出最佳状态。为了增强教材的趣味性和时代感，第九章的内容设计并展示了丰富多彩的操舞专项游戏，为健美操教学注入了活力与创新。同时，书中附录部分收录了健美操常用词汇中英对照和国家学生体质健康标准——高校（2014 年修订），不仅有助于提升专业英语水平和确保学生体质的全面评估，也为国际交流与学习搭建了桥梁，体现了教材在促进专项技能提高的同时，也重视跨文化交际能力的培养和学生体质健康的全面发展。

本教材由张倩倩主编，参加编写的有何慧、魏丽、刁学慧、韦晨、王德磊、毛博华。教材内容丰富，形式多样，不仅可以作为健美操必修课教材，也适用于各类院校的公共体育选修课教学，还可以供业余健美操爱好者参考使用。

参编单位操舞运动队的王灵燕、吴天琦、赖铭、戚宇辰、范晋、聂挺烽、雍成宇、楼正炫、潘焘、盛晴心、赖洁云等同学们为本书材料的收集与整理、影像的绘制与拍摄付出了辛勤劳动，在此一并表示衷心的感谢！

由于高等职业教育本科教育研究尚处于初期探索阶段，受编者水平所限，本教材不妥之处，恳请读者批评指正，以便再版修正。

编　者
2024 年 5 月

CONTENTS 目录

理论篇

实践篇

理论篇

第一章　健美操运动的起源与发展

章前导言

在历史的长河中，人类对于身体之美与健康生活的追求从未停歇，而健美操这项集艺术、体育与文化于一体的运动，正是这种追求的具体表现和生动实践。从古希腊人崇尚的体操锻炼与音乐陶冶，到古印度人瑜伽的身心净化，健美操运动的起源深植于悠久的文明土壤之中，承载着对身体美学与生命活力的不懈探索。我国从古代《导引图》的启发，到华佗的“五禽戏”，再到现代健美操的引进与本土化发展，这一历程不仅是对古代健身文化的继承，更是对新时代健康生活方式的创新探索。本章旨在探讨健美操运动如何在文化传承与创新的双重驱动下，跨越时空界限，从古至今不断演进，最终成为被广泛接纳与热爱的健身方式。

学前思索

1. 你知道我国最早的体操图式是什么吗？

2. 你知道五禽戏的姿势是来源于哪五种动物吗？你能分析我国古代“五禽戏”与现代健美操之间的联系吗？

3. 健美操运动可以推动不同文化间的交流与传播吗？为什么？

第一节　健美操运动的起源

健美操起源于2000多年前的古希腊，古希腊人对人体的美丽非常崇尚，并提出了“体操锻炼身体，音乐陶冶精神”的主张。他们利用跑、跳、投掷、柔软体操和健身舞蹈等体育项目进行锻炼。印度的“瑜伽功”也是东方健身、健美的一颗明珠。瑜伽健身术动作包括站立、跪、卧、弓步等各种基本姿势，这与当前流行的健美操常用的基本姿势是一致的。古代人对健身健美的追求以及提倡体操与音乐结合的主张，是现代健美操形成与发展的基础。

健美操最早是根据宇航员所处的特殊环境和对宇航员身体功能的特殊要求，于1968年专门为太空宇航员设计的有氧健身操锻炼（aerobics exercise）。这种有氧健身操出现不久，便因其对心血管和体型的积极作用而引起了人们的特别关注。

1969年杰姬·索伦森综合了这种有氧操结合当时流行于美国的各种爵士舞和非洲民间舞，形成了一种操舞结合的健身舞，这对现代健美操的形成产生了深远的影响。20世纪70年代末，简·方达创造性地推出了踏板健美操，aerobics被推向了世界，她根据自己的实践，编写了《简·方达健美操》。踏板健美操是在徒手健美操的基础上发展起来的，是利用一块专门特制的踏板来进行健美操练习，通过上板、下板以及克服自身体重来达到加强腿部力量、提高身体控制能力与增强心肺功能的一项运动。20世纪80年代的日本健美操动作较为崇尚创新和自由，大量素材来源于爵士舞、非洲民族舞，动作激烈奔放，深受青年人的喜爱。1983年，国际健美操联合会成立，是当时国际上最大的健美操组织，每年举办一次健美操世界杯赛。同年，国际健美操联合会首次举办国际健美操比赛，有近百名运动员参加。1984年，首届远东地区健美操大赛举行。比较著名的比赛还有每年一次的国际健美操冠军赛，由国际健美操冠军联合会举办。大赛的成功举办使健美操运动在世界各地迅速兴起。健美操在东欧国家也相当普及，已发展为最受大众喜爱的运动项目之一。20世纪70年代末80年代初形成了世界范围内健美操热。从1995年开始，国际体操联合会每年举办一届国际体联健美操世界锦标赛，每届均有40多个国家、百名以上运动员参加。FIG健美操委员会是国际奥委会正式承认的国际体育组织，具有悠久的历史。该组织每4年对竞技健美操评分规则进行一次修订，其提出的健美操进入奥运会的目标得到了世界各国健美操组织的支持与信任。2001年，FIG增加了六人操项目，并决定将世界健美操锦标赛改为每双数年举办一届。2011年，第26届世界大学生运动会健美操被首次列入正式比赛项目。除此之外，各个健美操国际组织也单独或联合举办各种世界健美操巡回大赛和大奖赛，以扩大健美操运动在世界范围内的影响。2013年，FIG又将六人操改为五人操。每四年一个奥运周期的规则修改是健美操发展的风向标，指引着健美操的前进方向，对健美操运动的发展起到至关重要的作用。

第二节 健美操运动的发展

我国健身健美操运动与竞技健美操运动的发展历程，是一部从古代健身法到现代竞技体育的演变史，它不仅见证了我国人民对健康生活的不懈追求，也体现了国家体育政策的有效性和全民健身事业的蓬勃发展。

一、我国健身健美操运动的发展

我国健身健美操运动的发展可以分为认识阶段、研究阶段、发展阶段三个阶段。

（一）认识阶段：古典健身智慧的传承

早在古代，我国就有着深厚的健身文化传统。东汉时期的名医华佗根据马王堆出土的《导引图》创作了“五禽之戏”，这套模仿虎、鹿、熊、猿、鸟五种动物动作的保健体操，不仅强身健体，还具有一定的医学价值。到了近代，1905 年徐锡麟、陶成章在大通师范学堂开设了体操专修课，1908 年上海创办了中国第一所体操院校，这些都为后来健身健美操的发展奠定了基础。

（二）研究阶段：科学理论的构建

20 世纪 80 年代初，随着全球健美操热潮的兴起，我国也开始关注并研究这项运动。1981 年 1 月，《中国青年报》发表了陆保钟、牛乾元特约稿《人体美的追求》。1982 年 2 月，中国青年出版社出版了《美，怎样才算美》一书，书中刊登了陈德星编制的《女青年健美操》和牛乾元编制的《男青年哑铃健美操》。到 1984 年，《健与美》杂志创刊，中央电视台相继播放了孙玉昆编创的“女子健美操”、马华的“健美五分钟”等节目，促进了健美操的普及。这一时期，北京体育学院和上海体育学院分别成立了健美操研究组和教研室。北京体育学院编排和编写了备受学生喜爱的“青年韵律操”和我国第一部《健美操试用教材》，推动了健美操理论与实践的结合，为我国健美操运动的可持续发展打下了坚实的基础。

（三）发展阶段：市场化与规范化的推进

1986 年以后，健美操迅速在我国被普及。同年 7 月，北京康华健美康复研究所主办了全国首届“康康杯”儿童健美操友好邀请赛。次年，中国第一家健美操健身中心在北京成立，健美操开始作为一项主流健身方式在全国各大城市流行起来。这一时期，健美操相关的比赛、电视节目等层出不穷，把我国健美操运动的发展推向了新的高峰，极大地推动了健美操运动的发展。

1992 年，中国健美操协会正式成立，标志着健美操运动进入了组织化和规范化的新阶段。中国健美操协会推出了一系列规章制度和技术标准，如健美操指导员专业技术等级制度、全国健美操大众锻炼标准、全国健美操大众锻炼标准第一套、中国健美操协会会员管理办法等。设立了大众健身委员会，使我国健身健美操项目的管理更加具体化和规范化。2001 年，颁布了《社会体育指导员国家职业标准》，健美操社会体育指导员成为一种国家职业，进一步提升了健美操运动的专业水平。

二、我国竞技健美操运动的发展

我国竞技健美操运动的发展可以分为基础阶段、发展阶段、飞越阶段三个阶段。

（一）基础阶段：起步与探索

1986 年，我国竞技健美操运动正式起步，同年在广州举办了我国首届“全国女子健美操邀请赛”。为了更好地准备全国比赛，同年 12 月，北京体育学院和康华健美研究所共同举办了全国健美操教练员培训班，为竞技健美操培养了首批专业人才。

1987 年 5 月，首届全国竞技性健美操比赛——“长城杯”健美操邀请赛成功举办，标志着中国竞技健美操正式登上舞台。1988 年至 1991 年，我国先后在北京、贵阳、昆明、北京举办了四届邀请赛。1991 年，在北京举办了全国首次大学生健美操、艺术体操大奖赛，首次使用了新的适合大学生健美操运动的《大学生健美操竞赛规则》。1992 年中国健美操协会成立后，全国健美操邀请赛改名为全国健美操锦标赛，成为每年举办的传统赛事。

（二）发展阶段：国内与国际接轨

1987 年，北京体院健美操队首次出访日本，开启了我国竞技健美操的国际交流之路。1988 年，我国举办了“长城杯”健美操友好邀请赛，进一步扩大了我国竞技健美操的国际影响力。

1995 年，中国健美操协会推出了健美操运动员技术等级制度，同年中国首次派队参加了由国际体操联合会（FIG）在法国举行的第一届世界健美操锦标赛。标志着中国竞技健美操开始与国际接轨。1998 年 5 月，我国健美操队参加了在意大利举行的第四届世界锦标赛。1999 年初，中国健美操协会聘请了日本专家就健美操国际规则来华讲学，在全国健美操锦标赛上首次采用了国际健美操竞赛规则，我国健美操正式与国际接轨。

（三）飞跃阶段：国际赛场上的辉煌成就

2005 年，在德国杜伊斯堡举行的第七届世界运动会上，中国健美操队在六人操比赛中击败了连续获得世界锦标赛冠军的罗马尼亚队，获得了金牌，实现了中国健美操在国际赛场上金牌零的突破。

2007 年 5 月，在法国举办的第三届世界杯健美操总决赛中，中国代表队表现出色，赢得了 2 金 1 银 1 铜和总分第一名的佳绩，男单蝉联世界冠军，并在六人操项目中再次夺冠，成为世界上第一个在国际三大赛中六人操实现大满贯的国家，这是中国健美操运动的重要里程碑。

2010 年 6 月，在法国举行的第十一届健美操世界锦标赛上，中国健美操队的三人操项目首次登上世界冠军的最高领奖台，为中国竞技健美操事业的发展续写了新的一页。

2011 年，在第二十六届世界大学生运动会健美操比赛中，中国队获得六人操、混合双人操、有氧舞蹈、有氧踏板及团体操五项冠军，展示了中国健美操在世界大学生运动会中的强劲实力。

2012 年 6 月，在保加利亚索菲亚举行的第十二届健美操世界锦标赛上，中国健美操健儿蝉联三人操世界冠军，在参赛的 7 个项目中获得 4 金 2 铜的优异成绩，并取得所有项目参加第二年世界运动会的参赛资格，展现出中国健美操的高水平。

2014 年 6 月，在墨西哥坎昆举行的第三届世界锦标赛上，中国队在有氧舞蹈、有氧踏板及三人操三个项目中发挥出色，获得第一名，最终获得团体赛的铜牌。

2016 年，在韩国举行的第十四届健美操世界锦标赛上，中国健美操队在 7 个参赛项目中获得 2 金 3 银 1 铜的优异成绩，首次获得团体冠军，成为本届比赛的最大赢家。

2017 年，中国健美操队在第六届亚洲健美操锦标赛和第十届世界运动会上分别获得了 2 金 2 银和 1 金 2 银的优异成绩，蝉联四届世界运动会 5 人操冠军，延续了其在国际赛场上的辉煌表现。

2018 年，中国健美操队在世界健美操锦标赛五人操项目中斩获冠军，再次证明了我国竞技健美操的实力。

我国的健身健美操与竞技健美操运动经历了从无到有、从小众到大众、从国内到国际的转变。通过不断的努力和创新，中国健美操运动不仅在国内被普及推广，更是在国际赛场上取得了显著的成绩。随着科技的进步和社会的发展，全民健身意识不断增强，竞技水平持续提高，未来的健美操运动将更加注重科学训练和技术创新，同时也将更加注重运动员的全面发展和个人价值的实现。中国健美操运动的发展历程不仅是一个国家体育事业的缩影，更是我国体育精神的一种体现。在未来，健美操运动将会继续发扬光大，成为推动全民健身、促进全民健康的重要力量。

课后习题

1. 分析健美操运动在我国的发展历程，并阐述我国传统健身文化是如何影响健美操运动在我国的传播和发展演变。

2. 列举我国健美操运动发展历程中的几个标志性事件，并分析这些事件如何体现体育服务大众、促进全民健康的理念。

3. 论述《全民健身条例》的颁布在推动健美操运动普及和发展过程中的作用，并探讨健美操运动对实现体育强国战略目标的意义。

第二章　健美操运动的分类与功能

章前导言

在当今时代，体育运动作为提升人民体质、塑造健康生活理念的重要载体，其内涵与价值远远超越了简单的身体锻炼。健美操运动作为一种集艺术性、健身性、娱乐性于一体的体育项目，其丰富多彩的分类与多元化的功能，不仅为学生提供了强身健体的途径，更为其全面发展和价值观念的塑造提供了广阔舞台。本章旨在通过深入剖析健美操的分类与功能，引导学生在锻炼身体的同时，培养全面发展的综合素质，形成积极向上的人生观和价值观。

学前思索

1. 健美操运动是否有助于体重管理？
2. 你认为通过练习健美操是否可以培养积极向上的人生观、价值观？
3. 你认为参加健美操活动可以促进人际关系的建立和发展吗？为什么？

第一节　健美操运动的分类

按照国际分类的方法，我们将健美操分为大众健美操和竞技健美操两大类。之后，随着健美操表演的需要，大众健美操又分为了健身健美操和表演健美操两种。当健美操初传入我国的时候，主要分为健身健美操和竞技健美操两大类，后来又将健美操分为了健身健美操、表演健美操以及竞技健美操三大类。

2011 年 11 月，国家体育总局体操中心将大众健美操、健身健美操、竞技健美操等名称进行了统一和规范，统称为全民健身操舞。这个分类方法一直沿用至今。因此，按照目的任务的不同，健美操可以分为全民健身操舞和竞技健美操两大类。全民健身操舞按组别可以分为学校组和社会组两大组。学校组有小学组、初中组、高中组、普通院校组、体育院校组以及高水平组。社会组又分为幼儿组、儿童组、青年组、中年组、老年组、家庭组以及行业组。全民健身操舞按不同的项目来分，可以分为有氧健身操舞、时尚健身课程、广场健身操舞、街舞和民族健身操舞 5 种。按照国际体操联合会的规则，2012 年前我们将竞技健美操分为了女子单人操、男子单人操、混合双人操、三人操以及六人操 5 项。在 2013—2016 年版的国际规则中，吸纳了原来中国健美操协会制定的普及组评分指南，将有氧舞蹈和有氧踏板增入比赛项目，并规定参赛人数为 8 人。至此，竞技健美操参赛项目由 5 项增加到 7 项，并且将六人操改为了五人操。

因此，在目前竞技健美操分为女子单人操、男子单人操、混合双人操、三人操、五人操、有氧舞蹈和有氧踏板 7 项。

第二节 健美操运动的育体功能

健美操是一种普及性极高的体育运动，其独特的魅力在于能够将音乐、舞蹈、体操等多种元素融合在一起，使人们在享受音乐和舞蹈的同时，锻炼身体，提高身体素质。健美操运动对身体健康的益处是多方面的，它不仅能够提升个人的体能和身体素质，还能够有效预防多种疾病，提高生活质量。

一、提升心肺功能

健美操运动是一种结合了音乐和舞蹈的身体锻炼，能够通过各种舞蹈元素和有氧运动来增强心肺功能、提高身体耐力和促进整体健康。

（一）提升心脏泵血效率

健美操中的有氧运动部分要求身体持续运动，这会使心脏工作得更快以满足肌肉对氧气的需求。随着定期练习，心脏的泵血效率提高，心脏每次泵出的血量增多，从而增强心脏功能。这对预防心血管疾病具有重要意义。

（二）提高呼吸效率

进行健美操运动时，身体对氧气的需求增加，呼吸频率和深度自然增加，以提供更多的氧气和排出更多的二氧化碳。长期坚持可以增强肺部功能和锻炼呼吸肌（如膈肌和肋间肌），提高呼吸效率。

（三）改善血液循环

健美操运动可以促进血液循环，帮助更好地输送氧气和营养物质到全身各个部位，同时也更有效地清除代谢废物。改善血液循环对于降低血压和改善整体心血管健康非常有益。

（四）降低心脏病风险

健美操运动有助于降低高血压、冠心病和其他心脏病的风险，提升心肺功能。

良好的心肺功能意味着心脏能够较为轻松地工作来维持正常的血液循环，从而减少心脏病发生的可能性。

（五）增强耐力和体能

随着心肺功能的提升，个体在日常活动中的耐力和体能也会得到改善。这意味着在进行较为剧烈的身体活动时，人们会感到更加轻松，恢复时间也会缩短。

综上所述，健美操运动可通过提升心脏泵血效率、提高呼吸效率、改善血液循环、降低心脏病风险以及增强个体的耐力和体能，对心肺功能有着正面影响。因此，定期参与健美操等有氧运动是提升心肺健康、预防心血管疾病的有效途径之一。无论是年轻人还是老年人，将健美操纳入日常锻炼计划都能够带来长远的健康益处。

二、强化肌肉和骨骼

健美操运动不仅能提升心肺功能，还对强化肌肉和骨骼具有重要作用。这种运动结合了有氧运动和力量训练元素，可以帮助增加肌肉力量、改善肌肉耐力、帮助增加骨密度，从而降低骨折风险。

（一）增加肌肉力量和肌肉耐力

健美操中包含的一系列动作，如蹲起、跳跃、推举和拉伸，可以针对身体的不同肌群进行锻炼。这些动作经过重复执行，能够刺激肌肉生长，提高肌肉力量和肌肉耐力。随着时间的推移，肌肉会变得更加强壮和有力。

（二）帮助增加骨密度

定期进行健美操等有氧和力量结合的运动可以刺激骨骼新陈代谢，增加骨密度，增强骨骼强度，有助于降低骨质疏松的风险。

（三）预防慢性疾病

健美操运动通过强化肌肉和骨骼，能够间接帮助预防一系列与肌肉和骨骼健康相关的慢性疾病，如骨质疏松、关节炎和背痛。此外，强壮的肌肉有助于血糖的控制和调节，降低 2 型糖尿病的风险。

综上所述，健美操运动通过一系列设计精巧的动作和组合，有效地强化了肌肉和骨骼，提高了身体的整体健康水平。无论是年轻人还是老年人，都可以从中获益，特别是对于希望提高肌肉力量、改善骨骼健康、预防慢性疾病的人来说，健美操是一个极好的选择。因此，将健美操纳入日常锻炼计划，可以帮助锻炼出更加强健的身体和养成更健康的生活方式。

三、加强体重管理

健美操运动在加强体重管理方面扮演了重要角色。通过有氧运动和力量训练相结合的方式，健美操运动能够有效燃烧卡路里，帮助控制体重，减少体内脂肪的堆积。再结合健康的饮食习惯，健美操可以成为维持理想体重和体型的有效方式。

（一）燃烧卡路里

健美操中的有氧运动部分，如跳跃、跑步、快速舞蹈等动作，可以显著提高心率，加速新陈代谢，从而燃烧大量卡路里。这对减少机体脂肪和控制体重至关重要。根据运动的强度和个人的体重不同，一小时的健美操课程可以燃烧 400～600 卡路里，甚至更多。

知识链接

卡路里（calorie）是能量的计量单位，在营养学中所说的“卡路里”通常指的是大卡或千卡（kilocalorie，kcal），用来衡量食物中含有的能量以及人体消耗的能量。1 大卡（千卡）等于将 1 千克水的温度升高 1℃所需的能量，数值上约等于 4184 焦耳（精确值为 4184.0 joules，国际标准定义为 4.184 千焦耳）。

（二）提高基础代谢率

健美操包含的力量训练元素，如使用哑铃、弹力带或利用自身重量进行的抗阻训练，有助于增加肌肉量。肌肉组织在休息时比脂肪组织消耗更多的能量，因此增加肌肉量能够提高基础代谢率（BMR），即使在静息状态下也能燃烧更多的卡路里，有助于体重管理。

知识链接

基础代谢率（BMR）是指一个人在静息状态下维持生命所需的最低能量消耗量。正常成年人的 BMR 范围通常在 1000～2000 千卡/天之间，具体数值会受到年龄、性别、身高、体重等因素的影响。

基础代谢率的计算公式如下：

男性：BMR＝88.36＋（13.4×体重 kg）＋（4.8 × 身高 cm）－（5.7 ×年龄）

女性：BMR＝447.6＋（9.2×体重 kg）＋（3.1×身高 cm）－（4.3×年龄）

（三）改善身体成分

定期参加健美操运动不仅有助于减少机体脂肪，还能增加肌肉质量，调整身体成分。肌肉在体内的比例越高，基础代谢率相对也就越高，会让体内更多的能量用来维持正常的机体运转，这有助于长期维持健康的体重以及减少体重反弹的可能性。

（四）提高运动后氧耗

高强度的健美操运动可以引起显著的运动后过量氧耗（EPOC），这意味着在运动结束后一段时间内，身体的代谢率仍然保持在较高水平。这有助于在运动后继续燃烧卡路里，进一步使体重减轻。

知识链接

运动后过量氧耗（EPOC）是指身体在运动结束后持续消耗氧气以恢复到运动前状态的现象。这包括偿还氧债、恢复代谢过程、合成能量分子和提高基础代谢率。高强度间歇训练和力量训练等无氧运动通常能带来更显著的EPOC效果，持续消耗能量以实现“后燃效应”。不同运动方式对EPOC的影响取决于个体差异、运动强度、持续时间和频率等因素。

（五）增强运动动力

参加健美操运动的团体项目，不仅提供了社交互动的机会，还提高了参与者坚持运动的动力。团体的支持和鼓励可以帮助人们克服懒惰，维持运动习惯，这对于长期的体重管理非常重要。

综上所述，健美操运动通过燃烧卡路里、提高基础代谢率、改善身体成分、提高运动后氧耗以及增强运动动力等多种手段，有效地促进了体重管理和体型塑造。为了达到最佳的体重管理效果，建议将健美操运动结合健康的饮食习惯，并制订持续的运动计划。通过这种方式，健美操可以成为实现和维持理想体重的有力工具。

四、改善精神状态

通过结合音乐、舞蹈和多样化的运动形式，健美操为参与者提供了一种愉悦的锻炼方式，健美操不仅是一种身体锻炼，还是缓解精神压力、提升生活质量的有效运动。

（一）缓解压力和焦虑

在健美操运动过程中，结合动感的音乐和欢快的节奏能够有效减少压力感和焦虑。此外，随着体内血液循环增加，更多的氧气被输送到大脑，有助于放松身心，从而有效缓解压力和焦虑。

（二）改善睡眠质量

定期进行健美操等有氧运动有助于改善睡眠质量。运动可以帮助调节身体的生物钟，使人在晚上更容易入睡，并且深度睡眠的时间更长。良好的睡眠对于缓解压力、提高情绪稳定性至关重要。

（三）增加精力和活力

通过健美操运动提升的心肺功能和肌肉力量，可以增加日常活动的耐力，减少疲劳感。这种增加的精力和活力让人们在面对日常挑战时感觉更加积极和有能力，对提升整体的生活质量有直接影响。

综上所述，健美操运动通过缓解压力和焦虑、改善睡眠质量以及增加精力和活力等途径，可以改善参与者的精神状态。因此，健美操不仅是一种有效的身体锻炼形式，也是一种有益于心理健康和情绪管理的运动。作为日常生活的一部分，可以帮助人们建立更加积极、健康的生活方式。

五、增强身体协调性和灵活性

健美操运动对增强身体协调性和灵活性都有很大的帮助。在健美操运动中，通过跟随音乐的节奏进行各种动作和舞步，可以有效地锻炼身体的协调性和灵活性。

（一）身体协调性

健美操运动需要综合运用身体的各个部位，如手臂、腿部、躯干等，进行连贯的动作。通过不断练习，可以提高身体各部位之间的协调性，使整个身体更加协调统一。

（二）灵活性

健美操动作通常涉及身体的伸展、扭转、弯曲等动作，要求身体具有一定的柔韧度和灵活性。通过频繁的拉伸和运动，可以增强身体的柔软度和灵活性。

（三）空间感知

健美操动作常涉及身体在空间中的移动和转换，需要具备良好的空间感知能力。通过练习健美操，可以提高空间感知能力，让身体能更加灵活应对各种动作和空间变化。

（四）反应速度

健美操运动要求动作迅速切换，需要快速的反应速度和灵活性。通过不断练习，可以提高身体的反应速度，使动作更加流畅和准确。

因此，健美操运动不仅可以增强身体的协调性，还可以提高身体的灵活性，让身体更加柔软、灵活，并且具备更好的运动控制能力。这对于保持身体健康和提升运动能力都具有重要意义。

第三节　健美操运动的育心功能

健美操运动不仅对身体健康有着显著的益处，在心理素质的培养和人格品质的提升上也发挥着重要作用。其对内化行为的引导，释放出育心功能。外在行为化的育体活动带动了育心功能的实现。促进了健康人格的养成，实现了培养社会多元化人才的目的。

一、丰富情感体验

健美操运动中，无论是以竞技健美操动作的高难度、造型的艺术化、形式的多样化、竞赛的激烈性和比赛结果的不确定性，还是以大众健美操适应性强、社会化广的特点，对参与者以及观赏者都能起到一种强烈的感情刺激和情感体验。健美操比赛和表演为人们提供了与他人互动和展示自己才能的机会，让人们建立互相支持和鼓励的关系，增强人们归属感和社会支持感，也能够通过增强社交自信心，享受其带来的成就感和满足感。当你成功地完成某一动作，会感到喜悦和兴奋。在与对手斗智、斗勇、斗体力、拼技术的礼仪化较量中，在战胜自我的胜利中，会得到一种妙不可言的心理满足感，达到了自我价值的充分展示，极大增强个人的自豪感。

健美操运动通过各种情感体验，丰富了参与者的生活体验，让他们在运动中不仅锻炼身体，还能够体验到情感上的满足和成长。

二、改善心理状态，释放压力

健美操通常伴随音乐，其有节奏和韵律的运动方式可以活跃氛围，提高参与度和投入度。参与健美操运动时，身体会释放出正向化学物质，这些物质被称为“快乐荷尔蒙”，有助于消除心理防御，释放压力，充分宣泄负面情绪，达到心理放松的效果，从而维持良好的心理状态，提升心情愉悦感和调动积极情绪。

三、树立自信心，改善自我概念

参与健美操运动可以使身体更加强健和灵活，并通过不断练习和提高，可以帮助人们改善身体形态和增强身体功能，逐渐塑造出更好的身材和形象。通过形体的改善和各种动作的完成，参与者可以产生积极的自我概念，增强内在的自我价值感和对自己的认同感，极大地提升个人的自信心，使他们更加积极自信地面对生活的各种挑战和机遇，以更良好的精神状态面对生活。

四、培养良好的意志品质，塑造健全人格

健美操是一项需要长期坚持的运动，很多动作和动作组合可能需要较长时间的练习才能掌握。通过定期训练，反复练习，可以培养人们的忍耐力和持久力，以及坚韧不拔的毅力和坚持到底的决心。在学习和练习的过程中会遇到多种困难，如高强度的挑战性动作和身体不协调的问题等，在不断努力克服困难的过程中可以增强抗挫折能力，提高心理承受能力，帮助培养坚强的意志品质。参与者常常要互相帮

助和支持，共同进步和成长，也培养了他们乐于助人的品质，他们在这一过程中学会关心和关爱他人，同时还能提高对美的鉴赏力。有效地促进了健全人格的塑造，全面提升参与者的身心素质，使他们成为更加积极、坚强和有品质的个体。

第四节　健美操运动的育智功能

健美操锻炼在提高身心素质的同时，还可以提高认知，增强智力。获得提升个体的知觉和意识到自己身体的能力，意识到自身的个性、差异和潜力，具备探索自身的自然（生物）潜能和人文本性的能力。

一、提高记忆力

健美操运动可以促进大脑的血液循环。在健美操运动中，通过不断变换的动作和节奏，可以加速心脏跳动，增加血液流动，从而促进大脑的血液循环。良好的血液循环可以给大脑提供所需的氧气和营养物质，有助于维持大脑的正常功能。研究表明，大脑缺氧会影响记忆力和认知功能，而健美操运动可以有效改善大脑的供氧条件，提高记忆力。

健美操运动可以促进大脑神经元的连接。在健美操运动中，需要不断地记忆和执行各种舞蹈动作，这种活动可以使大脑神经元之间的连接更加紧密。研究表明，神经元之间的连接越多，大脑的认知功能和记忆力就越强。因此，通过参与健美操运动，可以促进大脑神经元之间的连接，提高记忆力。

此外，健美操运动还可以提高大脑的神经可塑性。神经可塑性体现的是大脑适应外界环境和学习新知识的能力，是大脑保持年轻和活跃的关键。健美操运动通过不断挑战大脑记忆力和执行能力，可以提高大脑的神经可塑性，使大脑更加灵活和敏捷。研究表明，参与健美操运动的人群在认知功能和记忆力方面表现更好，这与大脑的神经可塑性密切相关。

二、增强空间感知与协调能力

在健美操运动中，参与者需要根据音乐的节奏和指导者的动作指令，进行各种复杂的动作组合。这种需要快速反应和灵活移动的特点，可以有效地锻炼参与者的空间感知能力。通过不断地练习和调整姿势，参与者可以逐渐提高自身在空间中位置和方向上的把握能力，从而更加熟练地完成各种动作。健美操运动还要求参与者在进行动作组合的同时保持身体的平衡和协调。这种需要同时控制多个身体部位的运动，要求参与者具备较高的协调能力。通过不断地练习和调整动作的配合，参与者可以提高身体各部位之间的协调性，从而更加流畅地完成整套动作。通过对健美操运动的持续练习，参与者逐渐提高空间感知和协调能力，从而能够更加敏锐地感知自己身体在空间中的位置和方向，更加灵活地调整和控制自己的动作。同时，他们也能够更加熟练地将各种动作组合在一起，形成更加复杂和多样化的动作序列。

三、锻炼决策与策略规划能力

在健美操的练习过程中，需要根据音乐的节奏和动作的要求做出快速的决策和调整。这种训练可以帮助人们锻炼自己的反应速度和决策能力，让他们在面对各种突发情况时能够迅速做出正确的决策。健美操运动也可以锻炼人们的策略规划能力。在健美操的练习过程中，需要根据不同的动作组合和节奏来设计合适的训练计划。这种训练可以帮助人们培养自己的策略规划能力，让他们在面对复杂的问题时能够有条不紊地制订有效的解决方案。

四、加强时间管理与节奏感

健美操运动要求参与者在一定的时间内完成一系列动作，这考验运动者对时间的把握和规划。通过参与健美操运动，人们可以学会在有限的时间内完成一系列复杂的动作，从而加强他们的时间管理能力。在健美操的音乐节奏中，运动者需要根据音乐的节拍来完成各种动作，这要求他们对时间有所把握和具备一定节奏感。在日常生活中，这种能力可以帮助人们更好地安排自己的工作和生活，提高工作效率，减少时间浪费。健美操运动的节奏感增强了人们对时间流逝的敏感性，通过不断练习健美操，人们可以提高他们的节奏感，更好地适应节奏的变化，从而在生活中更加敏锐地感知时间的流逝，提高他们的工作和生活效率。

五、培养创新与创作能力

在健美操运动中，运动员需要根据音乐的节奏和旋律，设计出各种动作和组合，展现出自己的创意和想象力。在健美操比赛中，运动员不仅需要展示出优美的动作和技术，还需要通过表情、动作和肢体语言来传达情感和故事。因此，运动员需要具备良好的表演能力和创作能力，以吸引观众的注意和共鸣。通过不断地练习和演绎，运动员可以提升自己的表演技巧和创作能力，培养出独特的艺术风格和表现力，展现出更加丰富和深刻的艺术内涵。

第五节　健美操运动的社会功能

从体育社会学分析，健美操是体育文化的重要内容之一，是一种特殊的社会文化活动。学校提供了社会规范教育场所和社会实践的机会，在他们参与和尝试“社会角色”的过程中，学习到了作为社会个体所需要的行为能力、行为方式、行为准则和行为规范等，同时也推动了文化的传播与发展。

一、促进社交互动

健美操运动为参与者提供了与他人交流和合作的机会。健美操活动通常是以团体形式进行的，参与者们在课堂或社群活动中相互配合，互相支持、分享经验，与他人建立积极的关系，增进彼此之间的友谊和互动，建立社会支持网络。这种社交互动有助于培养团队合作精神和沟通能力，提高人际交往能力。这些都是促进良好社交关系的重要因素，使个体更容易在其他社会环境中建立和维护人际关系，更好地促进社交互动。

二、增强适应能力

随着全球化进程的不断加快，人们更频繁地面临着各种新的环境和文化。社会的发展意味着人们需要具备更强的适应能力，以使人们能够在不同的社会环境中融入和生存。通过参加不同的健美操课程和活动，个人有机会接触到新的环境和挑战。参与健美操运动需要不断学习和适应新的动作、风格、节奏和团队合作方式等，这有助于培养人们的灵活性和适应性。通过接触和适应不同类型的健美操训练或比赛，人们可以更好地适应新的环境和变化，这种适应能力是社会生活中非常重要的一项技能，这对于社会的发展具有重要意义。

三、提供人力资源支持

社会的发展需要各行各业的专业人才，健美操运动为那些热爱健身、舞蹈和教育的人们提供了职业发展机会，使人们找到自己的职业定位，实现个人职业发展和成就。通过专业的学习和培训，学习知识、提升技能，可以为教学、表演、教练、裁判、指导员、赛事组织等相关工作输送专业人才，为社会发展提供人力资源支持。

四、推动文化交流

健美操运动是一项普及性极高的运动项目，吸引着来自不同文化背景的人们参与，融入了不同地区和民族的本土文化元素。通过展示和分享不同文化背景下的健美操艺术，人们可以了解和欣赏其他文化的特点和魅力。最终促进了不同文化之间的交流与合作，推动全球文化的融合和发展。

课后习题

1. 研究并论述健美操运动在提升个人空间感知能力、时间管理能力以及创新能力等方面的实例和应用。

2. 结合健美操的社会功能，讨论健美操运动在构建和谐社会、促进社交互动以及推动文化交流方面所扮演的角色。

3. 健美操运动如何通过提升空间感知和协调能力，以及决策与策略规划能力来提高个体的智力水平？

第三章 健美操运动的术语与动作名称

章前导言

体育作为一种跨越国界的通用语言，是连接世界各国文化的桥梁。随着健美操术语的标准化和国际化进程不断加快，不仅简化了国际赛事的沟通障碍，更促进了全球健美操技术水平的均衡发展。本章不仅是对健美操运动的动作名称与术语的详细介绍，更是对国际视野下体育文化交融的深度探讨。从基本步伐到专业术语，再到难度动作的详细分类与评分标准，构建了一个系统化的知识框架。在健美操的众多手型、步伐、难度中，都能感受到不同国家和地区文化的痕迹，从东方的柔美细腻到西方的力量展现，从古典芭蕾的手型到现代竞技的动态冲击，无不体现出文化的交流与融合。

学前思索

1. 你在健美操练习中遇到过哪些术语不理解的情况？你是如何解决的？

2. 如何理解健美操运动中基本步伐的重要性，它们在塑造正确动作技术和提高运动表现方面起到了什么作用？

3. 为什么说在健美操这项国际化的运动中，采用统一的动作名称和专业术语是至关重要的？

第一节 健美操运动的基本术语

健美操基本术语是健美操运动的核心组成部分，它们不仅为教练和运动员提供了统一、规范的语言，还确保了健美操动作的准确性和一致性。这些术语涵盖了场地方位、运动方向、基本动作等多个方面，为健美操运动的全面发展提供了坚实的基础。

通过使用健美操术语，教练可以清晰地传达自己的意图和要求，而运动员也能更准确地理解并执行相应的动作。这种高效的沟通方式有助于提升训练效果和运动表现。通过使用标准术语描述动作，可以确保每个参与者都按照相同的标准执行，从而减少误解和错误。这种规范性不仅有助于提高整体运动水平，还有助于保护运动员免受因动作不当而导致的伤害。在比赛和表演中健美操术语也发挥着重要作用。它们为裁判提供了明确的评分标准，有助于确保比赛的公平性和公正性。同时，这些术语也帮助观众更好地理解比赛过程和运动员的表现，增强了观赏性和参与感。因此，在健美操运动的发展过程中，我们应不断加强对基本术语的学习和应用，以推动健美操运动的持续进步。

一、场地方位术语

在描述人体在运动场上所在的位置时，我们引入了源于舞蹈中的基本方位术语。首先，选定某一特定面，比如主席台、裁判席。将其标记为基本方位的第 1 点，接下来，沿顺时针方向，以 45°作为一个间隔的划分标准，将整个运动场地等分成八个连续相连的基本区域，依次分别为 1 点、2 点、3 点、4 点、5 点、6 点、7 点、8 点。

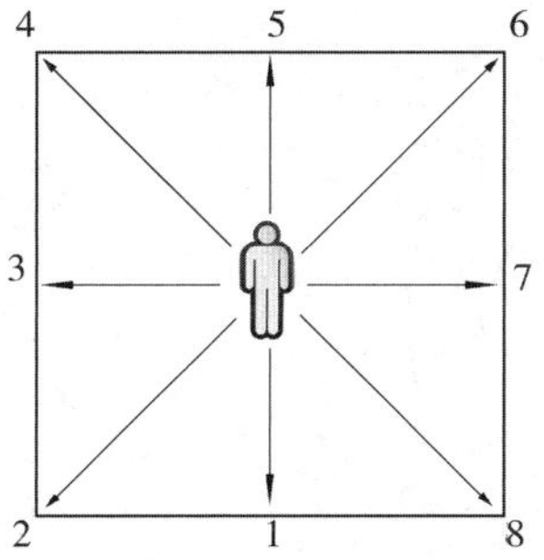

二、运动方向术语

1. 向上　人体朝着头顶所对的方向运动。

2. 向下　人体朝着脚底所对的方向运动。

3. 向前　人体朝着胸部所对的方向运动。

4. 向后　人体朝着背部所对的方向运动。

5. 向侧　人体朝着肩部所对的方向运动，分为左侧和右侧。

6. 向内　肢体或身体某部分朝着身体正中线或核心部位的方向运动。

7. 向外　肢体或身体某部分朝着远离身体正中线或核心部位的方向运动。

8. 同向　人体的两个或多个部位朝着相同的方向运动。

9. 反向　人体的两个或多个部位朝着相反的方向运动。

10. 斜方向　肢体朝着不完全处于水平面的前后、左右四个基本方位，而是介于这些基本方位之间形成的对角线的方向运动。

11. 顺时针　人体围绕一个中心点或参照物进行的，与钟表时针运行方向相同的方向运动。

12. 逆时针　人体围绕一个中心点或参照物进行的，与钟表时针运行方向相反的方向运动。

三、基本动作术语

（一）基本手型

1. 掌 并掌、开掌、立掌、屈指掌、花掌。

并掌

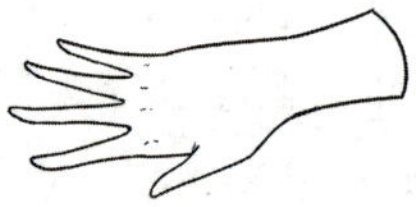
开掌

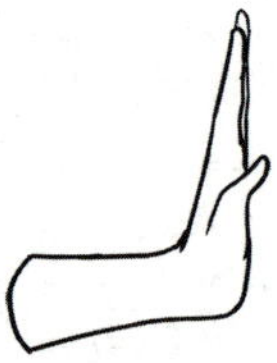
立掌

屈指掌

花掌

2. 拳 实心拳、空心拳。

实心拳

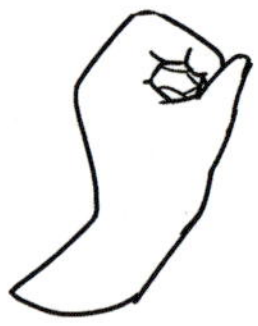
空心拳

3. 指 一指、剑指、V 指、响指。

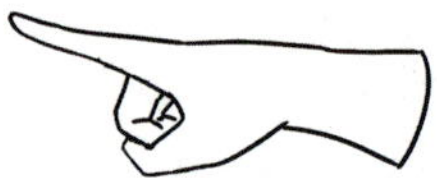
一指

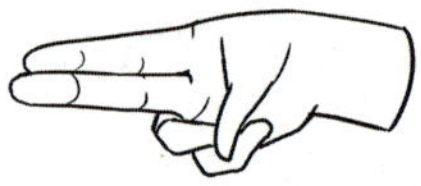
剑指

V指

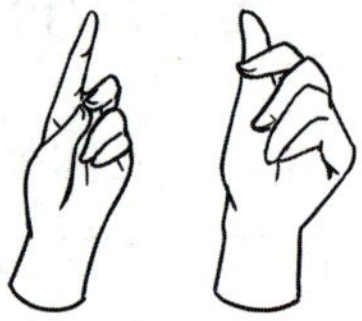
响指

4. 其他舞蹈手型 如芭蕾舞手势等。

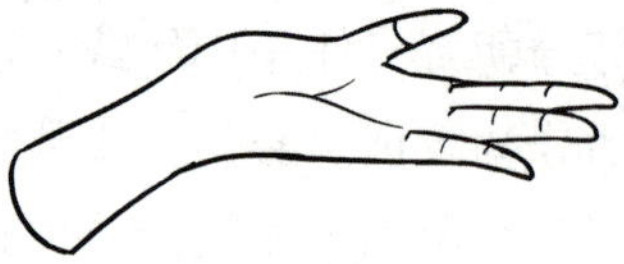
芭蕾舞手势

（二）基本动作

1. 立 保持站立的姿势。是许多动作的起始和结束时的预备或过渡姿态，或者是其他复杂动作的组成部分。如单腿立、并腿立、分腿立、提踵立等。

2. 蹲 通常指的是半蹲下蹲姿势，即两腿弯曲，臀部向下，膝盖弯曲，身体下降至接近平行或略低于膝盖，保持平衡，保持脊柱中立。此动作强调大腿和臀部的力量训练，增强下肢的灵活性。

3. 跳　指两脚离地，利用腿部力量推力，使全身离开地面并短暂腾空，然后再次落地。跳动可以是高冲击力动作，有助于心肺功能和爆发力的提升。

4. 跃　一种高冲击动作，是跳跃的一种。起跳后，有一个移动的轨迹和降落。

5. 点地　单脚尖或脚跟轻触地，一腿保持站立姿势，身体重心在支撑腿的方向，如前点、侧点、后点。

6. 踢腿　一腿站立，另一腿保持直腿抬高，通常至一定高度，强调腿部力量和控制。踢腿直，可向前、侧或后踢腿。

7. 吸腿　一腿膝盖抬高，大腿贴近胸部，强调大腿上提拉力，强化腹部和腿肌肉。

8. 举　手臂或腿抬起并固定在某一个方位的姿势。有前举、侧举、斜上举等。

9. 摆动　通常是指手臂或腿的摆动动作。手臂以肩关节为轴，腿以髋关节为轴，有前后、左右、上下摆动。

10. 振　手臂与上体做加速摆动运动。

11. 绕　身体某一个部位做圆形运动。

12. 跪　屈膝着地的姿势，如跪立、跪坐、跪撑等。

13. 坐　以臀部着地的姿势，如并腿坐、分腿坐等。

14. 卧　身体躺或趴在地上。如仰卧、侧卧和俯卧等。

第二节　健美操运动的专业术语

学习健美操专业术语是健美操运动的基础，是教练和运动员之间沟通的桥梁，也是教学、训练和比赛规范化的关键。专业术语的准确使用，能够确保动作的正确性和规范性，避免歧义和误解，从而提高训练效果和比赛成绩。运动员通过理解这些专业术语，能更好地掌握动作要领，提高自我训练的效果。随着健美操运动的全球普及，各国之间的交流和比赛日益频繁。统一、规范的术语标准有助于各国运动员和教练之间的沟通和理解，促进国际的技术交流和合作。例如，国际健美操联合会（IAF）就致力于推动健美操术语的标准化和国际化，为全球健美操运动的发展提供了有力支持。

健美操专业术语的学习和使用不仅能够保障动作的规范性和正确性，更有利于教学、训练和比赛效果的提升。因此，我们应该重视健美操专业术语的学习和应用，不断提高自身的专业素养和综合能力。

知识链接

健美操组织国际健美操联合会（IAF）：成立于1983年，总部设在日本，有会员国20多个。每年举办健美操世界杯赛。

国际健美操与健身联合会（FISAF）：成立于80年代中期，总部设在澳大利亚，有会员国40多个。除每年举办健美操专业比赛外，还组织各种健美操培训班，并颁发国际健身指导员证书。

国际健美操冠军联合会（ANAC）：成立于1980年，总部设在美国，每年举办ANAC世界健美操冠军赛。

国际体操联合会健美操委员会（FIG）：国际体操联合会成立于1881年，原有体操、艺术体操等项目。于1994年接收健美操为其所属的委员会，并从1995年开始每年举办FIG健美操世界锦标赛。

一、专业概念术语

1. FIG 国际体操联合会。

2. 有氧练习 有氧练习（aerobic exercise）是一种旨在增强心肺功能和整体耐力的体育活动。这类运动通常涉及大肌群的持续性、有节奏的活动。其特点在于运动过程中身体能够有效地利用氧气来提供能量，比如有氧操、游泳、骑自行车等。

3. 冲击力 人体运动时对地面产生一定的作用力，而地面同时也会给予人体相应的反作用力，即冲击力。这种冲击力随着每一个动作自下向上传递，并且逐渐消失。

4. 无冲击力 两只脚都接触地面或不支撑体重，比如双腿半蹲、弓步，以及在垫子上面完成的一些动作，划船机和自行车练习等等。

5. 核心部位 核心指的不是身体某一特定部位，是身体整体中间区域，包括腰椎、骨盆、髋关节及周围的肌群。运动中多个环节整合成的核心，是肌肉发力、稳定性和灵活性的生理结构的基础，通过相互作用力保持运动平衡和力量。

6. 动作幅度 有高度的爆发性运动。

7. 表现力 表演时的自我表现和自我感染力的方式或风格。

8. 提示音 在音乐开始时为了知道音乐开始而特意添加的音乐效果。

9. 力量 短时间爆发性力量（超等长收缩动作）。

10. 静力性力量 等距肌肉力量/收缩。比如在支撑类动作中没有产生运动的力量。

11. 动力性力量　等张肌肉力量。产生运动的力量。

12. 柔韧　爆发性运动或持续性运动的动作范围。

二、专业动作术语

1. 操化动作　健美操基本步伐和手臂动作的组合：所有动作配合音乐，创造出动感的、有节奏的一系列高低冲击力的持续性动作。

2. 地面动作　在最低平面（地面）或落地完成的难度动作。

3. 过渡　在一个空间中连接不同层面的动作（地面、站立、空中）。

4. 连接　同一平面的动作组合。

5. 弹动　全身协调且持续地上下运动（利用地板反弹力）。

6. 支撑　承受部分或者全部重量，通过等距肌肉收缩，在地面上用手臂承担身体重量。在难度动作中，支撑重量 2 秒以上。

7. 转体　任何接触地面或者在空中沿垂直线的旋转。

8. 屈体　上半身向前折叠，双腿并拢且与地面平行的一种形式。躯干与双腿角度最大 60°。

9. 分腿　身体屈体时双腿打开至身体两侧（最小 90°）且平行于地面（躯干与双腿角度最大 60°）

10. 劈腿　上半身直立，双腿前后完全伸展（180°）

11. 交换　两腿交换的动作。

12. 腾空　身体在空中。当一个人与地面或者同伴没有接触时。

13. 垂地　与水平面呈 90°直角。

14. 摔倒　完全失去控制地快速掉落到地面。

第三节　健美操运动的动作名称

一、健身健美操动作名称

（一）基本步伐

依据动作对地面冲击力的不同程度，健身健美操的基本步伐被划分为三个类别：无冲击、低冲击及高冲击动作。另外，从技术结构和执行方式的角度细分，健美操基本步伐还可依据不同的动作形态被归纳为 5 种类型（表 3－1）。

表 3－1 健身健美操基本步伐

类别	动作描述	原始动作形式	低冲击力形式	高冲击力形式	无冲击力形式
交替类	两脚始终做依次交替落地的动作	踏步	踏步、走步、一字步、V 字步、漫步	跑步	
迈步类	一条腿先迈出一步，重心落到这条腿上，另一脚脚跟、脚尖点地或吸腿、屈腿、踢腿等，然后向另一个方向迈步的动作	侧并步	并步、迈步点地、迈步吸腿、迈步后屈腿、侧交叉步	并步跳、小马跳、迈步吸腿跳、迈步后屈腿跳、侧交叉步跳	
点地类	一腿屈膝站立，另一腿伸出，用脚尖或脚跟点地后还原到并腿位置的动作	点地	脚尖点地、脚跟点地		
抬腿类	一腿站立，另一腿抬起的动作	抬腿	吸腿、摆腿、踢腿	吸腿跳、摆腿跳、踢腿跳、弹踢腿跳、后屈腿跳	
双腿类	双腿站立，身体重心在两腿之间的动作			并腿跳、分腿跳、开合跳	半蹲、弓步、提踵

（二）基本动作说明

动作的变化分为两种形式，一种是不同动作组合在一起使之成为一个动作。如：向前走三步吸腿、侧交叉步最后一拍后屈腿等。另一种是在一个原始动作的基础上加入各种变化因素。如：侧并步—侧并步同时两臂上举—侧并步同时两臂上举 L 形。

1. 交替类 交替类动作如下（表 3－2）。

表 3－2 交替类动作说明

踏步 march	**一般描述：** 两脚原地依次抬起，依次落地
	技术要点： 下落时，踝、膝、髋关节依次有弹性地缓冲
	动作变化： 踏步分腿并腿（march out to in）
走步 walk	**一般描述：** 迈步向前或后退。向前时，脚跟先落地，过渡到全脚掌；向后则相反
	技术要点： 落地时，膝、踝关节有弹性地缓冲
	动作变化： 三步点地（walk tap）——向前走三步，第四拍点地 三步吸腿（walk knee）——向前走三步，第四拍吸腿
一字步 easy walk	**一般描述：** 一脚向前一步，另一脚并于前脚，然后再依次还原
	技术要点： 向前迈步时，脚跟着地，过渡到全脚掌 前后均要有并腿过程 膝关节有弹性地缓冲
	动作变化： V 字步（V step，见 V 字步动作） 方步（box step）——左脚向右脚前方迈一步，右脚向左脚左侧迈一步，左脚向右脚后方迈一步，右脚回到起始位，形成一个方步

续表

V 字步 V－step	一般描述：一脚向前侧方迈一步，另一脚随之向另一方迈一步，成两脚开立，屈膝，然后再依次退回原位
	技术要点：向前迈步时，脚跟着地，过渡到全脚掌 分开后成分腿半蹲，重心在两脚之间 膝、踝关节始终保持弹动状态
	动作变化：X 步——向前完成一个 V 字步，再向后完成一个 V 字步，形成 X 形
漫步 mambo	一般描述：一脚向前迈出，屈膝，重心随之前移，另一脚稍抬起，然后原地落下；或者向后退一步，重心后移，另一脚稍抬起，然后原地落下
	技术要点：两脚始终保持交替落地 身体重心随动作前后移动，但始终在两脚之间
	动作变化：漫步转体 360°（pivot turn）
跑步 jog	一般描述：两腿经过腾空，依次落地缓冲
	技术要点：落地屈膝缓冲，脚跟尽量着地
	动作变化：高抬腿跑——膝盖尽量抬高 后踢腿跑——小腿尽量后屈

2. 迈步类　迈步类动作如下（表 3－3）。

表 3－3　迈步类动作说明

并步 step touch	一般描述：一脚迈出，另一脚随之并拢屈膝点地；再向反方向迈步
	技术要点：两膝始终保持弹动 动作幅度和力度可随风格而定
	动作变化：两次并步（two touch）——向一侧做两个并步，再向反方向迈步 侧交叉步 grapevine（见侧交叉步动作）
迈步点地 step tap	一般描述：一脚迈出一步，两腿经屈膝移重心，另一脚向前、侧或后用脚尖或脚跟点地
	技术要点：两膝同时有弹性地屈伸 重心移动轨迹呈弧形 上体不要扭转
	动作变化：左右迈步点地、前后迈步点地、迈步转体点地
迈步吸腿 step knee	一般描述：一脚迈出一步，另一腿屈膝抬起，然后向反方向迈步
	技术要点：经过屈膝半蹲，抬膝时支撑腿稍屈膝
	动作变化：重复吸腿 2 或 4（knee repeater）——一脚迈出一步，另一腿重复屈膝抬起两次到四次，最多不超过八次
迈步后屈腿 step curl	一般描述：一脚迈出一步，另一腿后屈，然后向反方向迈步
	技术要点：经过屈膝半蹲，支撑腿稍屈膝 脚跟先着地，后屈腿的脚跟靠近臀部
	动作变化：侧迈步后屈腿、前后移动后屈腿、转体后屈腿
侧交叉步 grapevine	一般描述：一脚向侧迈一步，另一脚在其后交叉，随之再向侧迈一步，另一脚并拢，屈膝点地
	技术要点：第一步脚跟先着地 身体重心快速随着脚步而移动 保持膝、踝关节的弹动
	动作变化：交叉步屈腿（grapevine curl）——侧交叉步的第四步向后屈腿 交叉步吸腿（grapevine knee）——侧交叉步的第四步向上吸腿

3. 点地类 点地类动作如下（表3－4）。

表3－4 点地类动作说明

脚尖点地 touch，tap	**一般描述：** 一腿稍屈膝站立，另一腿伸出，脚尖点地，然后还原到并腿姿势
	技术要点： 支撑腿始终保持屈膝站立，并且随动作有节奏地屈伸
	动作变化： 侧点地左右移重心（tap side to side）——一腿稍屈膝站立，另一腿伸出，先脚尖点地，随即脚跟迅速向下弹压，同时重心侧移，然后还原 点地吸腿（tap knee tap together）——一腿稍屈膝站立，另一腿向侧伸出点地、吸腿、再点地、还原
脚跟点地 heel	**一般描述：** 一腿稍屈膝站立，另一腿伸出，脚跟点地，然后还原到并腿姿势。可向前或向侧脚跟点地
	技术要点： 支撑腿始终保持屈膝站立，并且随动作有节奏地屈伸
	动作变化： 脚跟前点地 脚跟侧点地

4. 抬腿类 抬腿类动作如下（表3－5）。

表3－5 抬腿类动作说明

吸腿 knee up	**一般描述：** 一腿屈膝抬起，落下还原
	技术要点： 支撑腿始终屈膝弹动 膝盖抬高，大腿贴近胸部 上体保持正直
	动作变化： 向前吸腿 向侧吸腿 向侧前吸腿 转体吸腿
摆腿 leg lift	**一般描述：** 一腿站立，另一腿做摆动。然后还原成并步
	技术要点： 摆腿时上体顺势前倾、后倒或侧倾。主力腿屈膝缓冲，摆动腿抬起时幅度不要过大，且要有控制
	动作变化： 向前摆腿、向侧摆腿
踢腿 kick	**一般描述：** 一腿站立，另一腿保持直腿抬高，然后还原
	技术要点： 抬起腿不需很高，但要有控制 上体保持正直
	动作变化： 前后踢腿 侧向踢腿
弹踢腿（跳） flick	**一般描述：** 一腿站立（跳起），同时另一腿先向后屈 支撑腿原地弹动一次，同时另一腿向前下方弹踢，还原 通常以高冲击力的形式出现
	技术要点： 腿弹出时要有控制 上体保持正直
	动作变化： 向前弹踢 向侧弹踢 转体的弹踢 移动弹踢

续表

后屈腿（跳） leg curl	**一般描述：** 一腿站立（跳起），另一腿向后屈膝，放下腿还原。通常以高冲击力的形式出现
	技术要点： 支撑腿保持弹动性 两膝并拢，脚跟靠近臀部
	动作变化： 左右依次后屈腿跳 转体后屈腿跳

5. 双腿类　双腿类动作如下（表3－6）。

表3－6　双腿类动作说明

并腿跳 jump	**一般描述：** 两腿并拢跳起
	技术要点： 落地缓冲要有控制
	动作变化： 前后并腿跳 侧向并腿跳
分腿跳 squat jump	**一般描述：** 分腿站立屈膝半蹲，向上跳起，分腿落地屈膝缓冲
	技术要点： 屈膝半蹲时，大、小腿夹角不要小于90° 空中注意身体的控制
开合跳 jumping jack	**一般描述：** 由并腿跳起，分腿落地；再由分腿跳起，并腿落地
	技术要点： 分腿屈膝蹲时，两脚自然外开，膝关节沿脚尖方向屈 膝关节夹角大于90°
	动作变化： 半个开合跳 halh jack——一脚向侧跳，落地时屈膝，同时另一腿直膝、勾脚尖留在原地；然后跳回原地
半蹲 squat	**一般描述：** 两腿有控制地屈和伸，如并腿半蹲、分腿半蹲等
	技术要点： 分腿半蹲时，两腿左右分开稍大于肩（或与肩同宽），脚尖稍外开，膝关节对准脚尖方向 屈膝时关节角度不得小于90° 臀部向后45°方向下蹲，上体保持直立
	动作变化： 并腿半蹲 分腿半蹲 迈步半蹲 迈步转体半蹲
弓步 lunge	**一般描述：** 两腿前后分开，两脚平行站立；下蹲、站起
	技术要点： 半蹲时后腿膝关节向下，大腿垂直于地面 重心始终在两脚之间
	动作变化： 侧弓步（lunge side）——一腿稍屈膝站立，另一腿向侧伸出，先脚尖着地，随即脚跟迅速向下弹压，同时重心侧移，然后还原
提踵 calf raise	**一般描述：** 两腿脚跟抬起，落下脚跟稍屈膝
	技术要点： 两腿夹紧，脚踝并紧 重心上提时，收紧腹部 落下时屈膝缓冲
小马跳 pony	**一般描述：**（以右脚起步为例）左脚蹬地跳起，同时右脚向侧迈步落地，随之左脚并右脚点地，反方向再做一次，动作相同，方向相反
	技术要点： 两脚轻松蹬地，身体重心随之平稳移动 注意膝踝关节的弹动
	动作变化： 原地小马跳 前后小马跳 侧向小马跳 转体小马跳

二、竞技健美操动作名称

（一）基本步伐

竞技健美操基本步伐如下（表3－7）。

表3－7 竞技健美操基本步伐

名称	动作描述（所有步伐需展示髋、膝、踝的弹性）
踏步 march	1. 腿置于前方：髋部与膝盖弯曲 2. 脚踝明显运动，从脚尖过渡到脚跟 3. 全过程向上，无下坠 4. 上半身与脊柱中立位保持自然一致
后踢腿跑 jog	1. 摆动腿向后最大限度踢向臀部 2. 髋关节保持中立位或轻微伸展或弯曲（±10°） 3. 膝盖弯曲 4. 脚踝最高处时脚背绷直
弹踢腿 skip	1. 弹踢开始于髋伸膝屈且脚跟向后至臀部的后踢腿跑，髋部伸展30°～45°低位前踢，膝关节完全伸展至0° 2. 髋部与膝盖表现出明显运动
吸腿跳 knee iift	1. 主动腿在髋部与膝盖表现出高度的弯曲，两处关节最低呈90° 2. 当摆动腿抬至最高点，小腿保持垂直，脚背绷直 3. 主动腿的脚要有意识地控制
踢腿 kick	1. 直腿高踢，最低幅度：脚跟达到肩膀高度，大约145° 2. 只做屈髋动作，膝盖不能弯曲，保持直腿 3. 全程脚背绷紧
开合跳 jumping jack	1. 双腿弯曲跳跃，髋部自然向外旋转 2. 落地时双脚间距大于肩宽，膝盖脚尖向外 3. 有发力和控制的跳起与落地，有意识地控制脚踝和脚尖到脚跟的过渡
弓步跳 lunge	1. 腿/脚从并拢或与肩宽开始分离，髋部不可外转。一腿后伸（膝盖放松），前后腿呈一条直线 2. 脚跟有控制地降低 3. 双脚前后呈一条直线，全身成一整体进行运动（两腿交换）

（二）难度动作

难度动作类别、动作名称、分值如下（表3－8～表3－15）。

A组—地面难度

表3－8 类别1——动力性力量

类别	动作名称	分值
提臀腾起	俯卧撑	0.1
	提臀腾起	0.4
	提臀腾起转体180°	0.6
	提臀腾起成纵劈腿	0.4
	提臀腾起转体180°成纵劈腿	0.6
	文森俯卧撑	0.2
	提臀腾起成文森	0.5

续表

类别	动作名称	分值
提臀腾起	提臀腾起转体 180°成文森	0.7
	提臀腾起成控文森	0.6
	提臀腾起转体 180°成控文森	0.8
分切	分切	0.5
	分切转体 180°成纵劈腿	0.7
	分切转体 180°成俯撑	0.8
	分切转体 180°成文森	0.9
	分切转体 180°成控文森	1.0
高锐角腾起	高锐角腾起转体 180°成俯撑	0.7
	高锐角腾起转体 180°成纵劈腿	0.8
	高锐角腾起转体 180°成文森	0.9
	高锐角腾起反切成俯撑	1.0

表 3－9　类别 2——静力性力量

类别	动作名称	分值
直角支撑	直角支撑	0.2
	直角支撑转体 360°	0.4
	直角支撑转体 720°	0.6
分腿支撑	分腿支撑	0.2
	分腿支撑转体 360°	0.4
	分腿支撑转体 720°	0.6
	单臂分腿支撑	0.5
	单臂分腿支撑转体 360°	0.8
	分腿直角组合支撑转体 360°	0.5
	分腿直角组合支撑转体 720°	0.7
锐角支撑	锐角支撑	0.5
	锐角支撑转体 360°	0.7
	锐角支撑转体 720°	0.9
	高锐角支撑	0.8
	高锐角支撑转体 360°	1.0
水平支撑	分腿水平支撑	0.6
	分腿水平支撑成控文森	0.8
	分腿水平支撑成控文森回分腿水平支撑	1.0
	并腿水平支撑	0.8
	并腿水平支撑成控文森	1.0

表 3－10　类别 3——旋腿

类别	动作名称	分值
托马斯	托马斯	0.5
	托马斯转体 360°	0.7
	托马斯腾空转体 360°成俯撑	0.8
	托马斯转体 180°后腾空转体 360°成俯撑	0.9
	托马斯转体 180°后腾空转体 360°成文森	1.0
	托马斯成纵劈腿	0.5
	托马斯转体 360°成纵劈腿	0.7
	托马斯接腾空托马斯	0.9
	托马斯成文森	0.6
	托马斯转体 360°成文森	0.8
	托马斯轮转 360°成文森	0.9
直升飞机	直升飞机	0.4
	直升飞机转体 360°成俯撑	0.6
	直升飞机腾空转体 360°成俯撑	0.8
	直升飞机转体 360°接腾空转体 360°成俯撑	1.0
	直升飞机成纵劈腿	0.4
	直升飞机转体 360°成纵劈腿	0.6
	直升飞机成文森	0.5
	直升飞机成控文森	0.6
	直升飞机转体 360°成文森	0.7
	直升飞机转体 360°成控文森	0.8

B 组—空中难度

表 3－11　类别 4——动力性跳步

类别	动作名称	分值
空转	直体跳转 360°	0.3
	直体跳转 720°	0.5
	直体跳转 1080°	0.8
自由倒地	自由倒地	0.4
	自由倒地 360°成俯撑	0.6
	自由倒地 720°成俯撑	0.8
给纳	给纳 180°	0.5
	给纳 540°	0.7
	给纳 900°	1.0

续表

类别	动作名称	分值
旋子	旋子	0.5
	旋子转体 360°	0.7
	旋子转体 720°	0.9
水平旋	转体 540°水平旋	0.7
	转体 540°水平旋成俯撑	0.9

表 3－12　类别 5——姿态跳步

类别	动作名称	分值
团身跳	团身跳	0.2
	转体 360°团身跳	0.4
	转体 720°团身跳	0.6
	团身跳成纵劈腿	0.3
	转体 180°团身跳成纵劈腿	0.4
	转体 360°团身跳成纵劈腿	0.5
	转体 540°团身跳成纵劈腿	0.6
	转体 720°团身跳成纵劈腿	0.7
	团身跳成俯撑	0.4
	转体 180°团身跳成俯撑	0.5
	转体 180°团身跳再转 180°成俯撑	0.6
	转体 360°团身跳再转 180°成俯撑	0.7
	转体 540°团身跳再转 180°成俯撑	0.8
科萨克	科萨克跳	0.3
	转体 360°科萨克跳	0.5
	转体 540°科萨克跳成纵劈腿	0.7
	转体 720°科萨克跳成纵劈腿	0.8
	科萨克跳成俯撑	0.5
	科萨克跳转体 180°成俯撑	0.6
	转体 180°科萨克跳再转 180°成俯撑	0.7
	转体 360°科萨克跳再转 180°成俯撑	0.8
	转体 540°科萨克跳再转 180°成俯撑	0.9
屈体跳	屈体跳	0.4
	转体 360°屈体跳	0.6
	转体 720°屈体跳	0.8
	屈体跳成纵劈腿	0.5
	转体 180°屈体跳成纵劈腿	0.6

续表

类别	动作名称	分值
屈体跳	转体 360°屈体跳成纵劈腿	0.7
	转体 540°屈体跳成纵劈腿	0.8
	转体 720°屈体跳成纵劈腿	0.9
	屈体跳成俯撑	0.6
	屈体跳转体 180°成俯撑	0.7
	转体 180°屈体跳再转 180°成俯撑	0.8
	转体 360°屈体跳再转 180°成俯撑	0.9
	转体 540°屈体跳再转 180°成俯撑	1.0
屈体分腿/横劈腿跳	转体 360°屈体分腿跃成俯撑	0.8
	转体 360°屈体分腿跃再转 180°成俯撑	0.9
	屈体分腿跳	0.4
	转体 360°屈体分腿跳	0.6
	转体 720°屈体分腿跳	0.8
	屈体分腿跳成纵劈腿	0.5
	转体 180°屈体分腿跳成纵劈腿	0.6
	转体 360°屈体分腿跳成纵劈腿	0.7
	转体 540°屈体分腿跳成纵劈腿	0.8
	转体 720°屈体分腿跳成纵劈腿	0.9
	屈体分腿跳成俯撑	0.6
	转体 180°屈体分腿跳成俯撑	0.7
	转体 360°屈体分腿跳成俯撑	0.8
	转体 540°屈体分腿跳成俯撑	0.9
	转体 720°屈体分腿跳成俯撑	1.0

表 3-13　类别 6——纵劈腿跳/跃

类别	动作名称	分值
纵劈腿跳	纵劈腿跳	0.4
	转体 360°纵劈腿跳	0.6
	转体 720°纵劈腿跳	0.8
	纵劈腿跳成纵劈腿	0.5
	转体 180°纵劈腿跳成纵劈腿	0.6
	转体 360°纵劈腿跳成纵劈腿	0.7
	转体 540°纵劈腿跳成纵劈腿	0.8
	转体 720°纵劈腿跳成纵劈腿	0.9
	纵劈腿跳交换腿成纵劈腿	0.6
	转体 180°纵劈腿跳交换腿成纵劈腿	0.7

续表

类别	动作名称	分值
纵劈腿跳	转体360°纵劈腿跳交换腿成纵劈腿	0.8
	转体540°纵劈腿跳交换腿成纵劈腿	0.9
	转体720°纵劈腿跳交换腿成纵劈腿	1.0
	纵劈腿跳成俯撑	0.6
	转体180°纵劈腿跳成俯撑	0.7
	转体360°纵劈腿跳成俯撑	0.8
	转体540°纵劈腿跳成俯撑	0.9
交换腿跃	交换腿跃	0.4
	交换腿跃成纵劈腿	0.5
	交换腿跃转体180°成纵劈腿	0.6
	交换腿跃成俯撑	0.6
	交换腿跃转体180°成俯撑	0.7
剪式变身跳	剪式变身跳	0.5
	剪式变身跳转体180°	0.6
	剪式变身跳转体360°	0.7
	剪式变身跳成纵劈腿	0.6
	剪式变身跳转体180°成纵劈腿	0.7
	剪式变身跳转体360°成纵劈腿	0.8
	剪式变身跳交换腿成纵劈腿	0.7
	剪式变身跳转体180°交换腿成纵劈腿	0.8
	剪式变身跳成俯撑	0.7
	剪式变身跳转体180°成俯撑	0.8
	剪式变身跳转体360°成俯撑	1.0

C组—站立难度

表3-14　类别7——转体

类别	动作名称	分值
单足转体	单足转体360°	0.2
	单足转体720°	0.4
	单足转体1080°	0.6
水平控腿转体	水平控腿立转360°	0.5
	水平控腿立转720°	0.7
	水平控腿立转1080°	0.9
劈腿	垂直劈腿	0.1
	无支撑垂直劈腿	0.3
	无支撑垂直劈腿转体360°	0.5
	无支撑垂直劈腿转体720°	0.7

表 3-15 类别 8——柔韧

类别	动作名称	分值
平衡	抱腿平衡转体 360°	0.5
	抱腿平衡转体 720°	0.7
	抱腿平衡转体 1080°	0.9
依柳辛	依柳辛	0.4
	双依柳辛	0.6
	三依柳辛	0.8
	无支撑依柳辛	0.5
	无支撑双依柳辛	0.7
	无支撑三依柳辛	0.9

课后习题

1. 随着健美操运动的全球普及，请问它是如何促进不同国家间的体育外交和文化交流？

2. 举例说明采用统一的动作名称和专业术语如何帮助提高比赛的公平性及促进跨国界的教学交流。

3. 思考如何在保持国际术语体系连贯性的前提下，适时引入和定义新术语。

第四章　健美操运动的安全防护与预防

章前导言

在追求健与美的征途上，健美操这项充满活力与韵律的运动，不仅是对身体极限的挑战，更是对意志与精神的磨砺。我们深知，在追求卓越的每一步跃动背后，是无数次汗水的挥洒与不懈的努力。而在这一过程中，面对疲劳与损伤的挑战，保持一种不怕挫折、积极向上的态度，成为了通往成功不可或缺的基石。本章旨在为热爱这项运动的每一位参与者，铺设一条既充满激情又安全无忧的道路。让每位健美操爱好者都能在享受运动乐趣的同时，学会聆听自己身体的声音，适时调整，适时恢复，做到身心合一。

学前思索

1. 你如何看待运动员在比赛中受伤但坚持完成比赛的行为？
2. 谈谈你认为在健美操运动中穿戴适宜装备的重要性。
3. 结合不怕挫折的精神，思考如何在面对累积疲劳时保持积极的训练态度？

第一节　健美操运动的疲劳与恢复

一、疲劳的定义与分类

（一）疲劳的定义

在健美操运动中，疲劳可以被定义为随着运动时间和强度增加，机体工作能力逐渐下降的现象，表现为力量、速度、灵敏度、协调性和耐力等功能性指标的减退或工作效率降低。它是由运动引起的各种生理功能改变的结果，包括能量储备减少、代谢产物积累、神经肌肉系统功能失调、内分泌调节失衡等因素综合效应的表现。

（二）疲劳的分类

疲劳在健美操运动中的分类可以根据不同的理论模型和表现形式进行划分。

1. 急性疲劳（即时疲劳）与慢性疲劳（累积疲劳或过度训练）

（1）急性疲劳通常发生在一次较长时间或高强度的健美操训练之后，表现为短时间内难以恢复到正常状态，如肌肉酸痛、无力、心率恢复正常速度慢等。

（2）长期连续训练导致的疲劳累积，没有得到充分恢复，可能会影响到后续训练效果，甚至出现运动表现下降、运动时易受伤、免疫力低下等状况。

2. 局部疲劳与全身疲劳

（1）局部疲劳指特定肌群或关节因反复使用而产生的疲劳感，比如健美操中的腿部动作可能导致下肢局部疲劳。

（2）全身疲劳则是整个身体系统功能的整体下降，不仅限于某个部位，而是涉及多个系统如心血管系统、神经系统、内分泌系统等的共同反应。

3. 中枢疲劳与外周疲劳

（1）中枢疲劳主要是指大脑皮质兴奋抑制过程失衡，表现为注意力分散、反应迟钝、判断失误等心理层面的疲劳。

（2）外周疲劳则侧重于肌肉、骨骼和相关的运动器官，如肌肉力量下降、乳酸堆积、三磷酸腺苷（ATP）再生减少等。

4. 功能性疲劳与结构性疲劳

（1）功能性疲劳指的是由于体内生理生化机制暂时性的紊乱而导致的运动能力下降。

（2）结构性疲劳则可能涉及长期过度负荷造成的组织结构损伤。

针对健美操运动员的疲劳管理，教练员和运动员需要结合训练计划、营养补充、休息恢复等多种策略来预防和缓解不同类型的疲劳，确保训练质量和身体健康。

二、运动疲劳的恢复策略

（一）营养补充

在健美操运动中，营养补充与恢复是确保运动员能够持续发挥高水平表现的关键环节。合理的营养摄入不仅能够为运动员提供足够的能量，还能够促进肌肉修复和再生，从而加速体能的恢复。健美操运动员需要注重碳水化合物、蛋白质和健康脂肪的摄入。碳水化合物是主要的能量来源，能够提供运动所需的快速能量。蛋白质则是肌肉修复和再生的关键营养素，有助于减少肌肉损伤和疲劳。而健康脂肪，特别是 Omega－3 脂肪酸，对维护良好的神经系统功能和心理健康至关重要。

（二）休息与睡眠的重要性

在健美操运动中，休息与睡眠的重要性不容忽视。它们不仅是运动员恢复体力、调整状态的关键环节，更是提高运动表现、预防运动损伤的重要保障。休息和睡眠能让肌肉在收缩拉伸中造成的损伤通过蛋白质合成和修复机制得到修复和再生，从而增强肌肉的力量和耐力，让神经系统得到放松和恢复，从而提高运动员的反应速度和协调性，同时也有助于调节运动员的心理状态。

（三）被动恢复

使用被动恢复技术，如拉伸和放松、按摩和理疗等。拉伸和放松有助于缓解肌肉紧张，提高柔韧性，促进血液循环，加速代谢废物的排出，从而加速疲劳的恢复。通过按摩，可以刺激肌肉中的感受器，促进神经系统的放松，有助于缓解运动员的心理压力，提高恢复效率。理疗则是利用物理因子对人体进行治疗，以缓解疼痛、促进组织修复和恢复功能，能够直接作用于肌肉和关节，促进局部血液循环，加速炎症的消退，从而帮助运动员更快地恢复运动能力。但要注意每个人的身体状况和需求可能有所不同，建议根据个人情况选择合适的方法和策略。

三、恢复策略的效果评估

（一）生理指标的监测与评估

在健美操运动中，疲劳恢复策略的制订与实施是提高运动效能、预防运动损伤、维持运动员竞技状态的关键环节。其中，通过对一系列生理指标的有效监测与评估，能够精确把握运动员的疲劳程度与恢复进程，从而为个性化恢复方案提供科学依据。

（1）心率和心率恢复是衡量健美操运动员疲劳状态的重要生理指标。训练结束后的心率能否迅速恢复至安静水平，反映了心脏功能和机体整体恢复能力。持续跟踪记录静息心率、运动后即刻心率以及心率恢复指数（如一分钟后、两分钟后的心率），可以帮助检测是否存在过度训练或疲劳累积的问题。

（2）血乳酸浓度也是评价疲劳和恢复的重要参数。健美操运动中，尤其是高强度间歇训练后，血乳酸水平上升，若不能及时清除，则可能影响机体恢复速度。定期检测血乳酸值，并分析其动态变化趋势，有助于指导运动员进行合理地恢复训练和营养补充。

（3）肌肉功能指标，如肌电图、肌肉力量测试等，可用于直观反映肌肉疲劳的程度。健美操运动后，可通过测量最大力量、爆发力、肌肉耐力等指标的变化，评估肌肉疲劳恢复情况，并据此调整训练强度和方式。

（4）生物化学指标如激素水平的监测亦不可忽视。诸如皮质醇、睾酮等激素的变化可揭示运动员的压力状态和身体对训练负荷的适应能力。例如，过高的皮质醇水平常昭示着运动员存在严重的生理和心理压力，需要适当降低训练强度，采取恢复手段。

（5）睡眠质量和主观感觉评价同样是评估疲劳恢复不可或缺的部分。利用睡眠监测设备了解运动员的睡眠结构和深度，结合运动员自我报告的恢复感受、精力充沛度等主观评价，可以更全面地评估疲劳恢复的效果。

（二）心理状态的监测与评估

在健美操运动中，疲劳不仅是一种生理现象，同时也伴随着一定的心理反应。为了全面有效地进行疲劳恢复，除了关注生理指标之外，对心理指标的监测与评估同样至关重要。心理疲劳不仅会影响运动员的技术发挥和竞技状态，还可能对他们的心理素质、运动动机及训练积极性产生消极影响。因此，在制订健美操运动疲劳恢复策略时，必须重视心理指标的监测与评估。

（1）情绪状态监测是评估健美操运动员心理疲劳的一个重要方面。通过定期的心理问卷调查、面谈交流或情绪自评量表，了解运动员的情绪稳定性、愉悦感、紧张焦虑程度以及抑郁倾向等。疲劳状态下，运动员可能会表现出情绪低落、烦躁不安、兴趣减退等负面情绪特征，这些都需要及时发现并予以干预。

（2）认知功能评估也是评估心理疲劳的关键。健美操运动员在疲劳状态下，注意力、集中能力、反应速度、决策判断能力以及记忆力等认知功能可能出现衰退。可以借助专业认知测评工具，如注意力测试、执行功能任务等，监测运动员的认知疲劳程度，以便针对性地开展认知恢复训练。

（3）运动动机和满意度也是衡量心理疲劳及其恢复的重要指标。长期疲劳可能削弱运动员对健美操运动的热情和动力，降低训练满意度，导致运动倦怠。通过观察和沟通，了解运动员的训练动机变化、对训练内容的接受程度、对自身表现的满意度以及对未来目标的信心等，有助于及时调整训练计划和激励机制，激发运动员的积极性和主动性。

（4）良好的社会支持与互动对于减轻心理疲劳同样重要。监测运动员的人际关系、团队的凝聚力以及运动员应对压力和挑战时可以使用的社会资源，有助于构建和谐友好的训练氛围，减轻个体心理负担，促进疲劳恢复。

第二节　健美操运动的损伤与防治

一、运动损伤的类型与原因

（一）常见损伤类型

1. 肌肉拉伤与劳损　健美操中频繁的跳跃、伸展和力量训练容易导致肌肉过度使用或突然受力过大，引起肌肉纤维的微小撕裂或过度紧绷，表现为局部疼痛、肿胀和活动受限。

2. 关节扭伤与韧带损伤 快速改变方向、跳跃落地时姿势不当或地面不平，可能导致踝关节、膝关节或腕关节的扭伤，严重时韧带撕裂，伴随疼痛、肿胀和关节稳定性下降。

3. 骨骼应力性损伤 长期重复性的高强度跳跃、跑步等动作，对骨骼（尤其是下肢）造成持续压力，可引发应力性骨折，初期可能仅有轻微不适，随时间推移疼痛加剧。

4. 软组织挫伤与瘀伤 不慎碰撞或摔倒造成的直接外伤，会导致皮下组织出血，形成淤青，严重时可能伴有肌肉或肌腱损伤。

5. 椎间盘突出与脊柱问题 不正确的腰部和背部动作，如过度弯曲、扭转，长期累积可导致椎间盘磨损、突出，以及脊柱侧弯、腰背痛等问题。

（二）损伤原因

1. 错误的姿势和技术 健美操动作要求舒展和控制身体，如果姿势不正确或技术不当，可能增加受伤的风险。

2. 过度使用 频繁进行健美操课程或者在疲劳状态下继续进行动作可能导致肌肉疲劳和过度使用损伤。这可能包括肌肉拉伤、韧带损伤或关节问题。

3. 缺乏热身和冷却 没有足够的热身活动或者冷却活动可能增加受伤的风险。热身活动可以帮助提高肌肉温度和柔韧性，而冷却活动有助于减轻运动后的肌肉疲劳和酸痛。

4. 过度训练 参加太多健美操运动或者进行过多的训练可能导致过度训练和受伤。缺乏充分的休息和恢复时间可能增加肌肉疲劳和损伤的风险。

5. 个体差异 由于个体的生理条件、体能水平和运动经验不同，可能导致对同一动作的适应性不同，进而有受伤的风险。

6. 环境因素 健美操通常在室内进行，因此场地条件可能会影响受伤的风险。如湿滑的地板或不平整的地面可能增加摔倒或滑倒的风险。

7. 缺乏适当的装备 穿着不合适的鞋子或者缺乏适当的垫子和支撑装备可能增加受伤的风险。正确的装备可以提供支撑和保护，减少运动损伤的发生。

二、运动损伤的科学预防

（一）全面而有效的热身

热身是预防运动损伤的第一道防线，进行适当的热身可以为身体提供必要的准备，减少肌肉拉伤和关节扭伤的风险，并提高运动表现的质量和效果。

（二）姿势和技术动作的正确性

掌握并坚持正确的姿势和技术动作是防止损伤的关键。参加专业的健美操培训课程，确保每个动作都符合生物力学原理，减少不必要的压力。特别注意落地时的缓冲技巧，应用全脚掌着地而非脚尖或脚跟，以减少对膝盖和踝关节的冲击。

（三）逐步递增训练强度

遵循渐进式训练原则，避免突然增加训练量或难度。根据个人体能水平逐渐增加训练强度，比如每周增加5%～10%的训练强度，给予身体足够的时间适应和恢复，防止过度训练和疲劳累积导致的损伤。

（四）穿戴适宜的装备

穿着合脚、有良好支撑和缓震性能的运动鞋，以及适合的运动服装，可以有效减少因摩擦和支撑不足导致的伤害。

（五）个性化训练计划

考虑个体差异，如年龄、健康状况、运动经验和目标，制订个性化的训练计划。特别是对于初学者、有慢性疾病或伤病史的人，应从低强度、低冲击的健美操开始，逐步过渡到更高难度的训练。

（六）肌肉力量与柔韧性训练

均衡发展肌肉力量与柔韧性，不仅能提高运动表现，也是预防损伤的重要环节。定期进行力量训练，特别是加强下肢和核心肌群力量，提高稳定性；同时，可以进行瑜伽或普拉提练习以增强柔韧性，减少肌肉紧张和拉伤。

（七）营养与休息

良好的营养摄入和充足的休息是预防损伤的基础。保证足够的碳水化合物摄入以补充能量，充足的蛋白质是保障肌肉修复和生长的重要物质，而脂肪是维持身体正常功能所必需的。此外，还需要足够的水分来保持水平衡和代谢活动，而一些维生素和矿物质也可以帮助调节身体的代谢和免疫功能。另外也要确保充分的睡眠，以帮助身体从训练中恢复，减少疲劳累积导致的运动损伤。

（八）监听身体信号

学会倾听身体的反馈，任何持续的疼痛或不适都是身体发出的警告信号。面对轻微不适时，适当调整训练强度或采取休息；遇到严重疼痛应立即停止训练，并寻求专业医疗建议。

（九）心理准备与压力管理

保持积极的心态，避免在心理压力大或情绪波动时进行高强度训练，因为这可能会影响判断力和反应速度，增加受伤风险。可以合理采用呼吸控制、冥想等放松技巧，帮助管理训练前后的心理状态。

三、运动损伤的处理常识

(一)初期处理(R. I. C. E 原则)

1. Rest(休息) 一旦受伤，立即停止运动，避免对受伤部位施加更多压力，这是恢复的第一步。

2. Ice(冰敷) 在受伤后的最初 24 ~ 48 小时内，使用冰袋(包裹在毛巾中以避免直接接触皮肤造成冻伤)冷敷受伤部位，每次 15 ~ 20 分钟，每天 3 ~ 4 次。这有助于减少炎症和肿胀。

3. Compression(压迫) 使用弹性绷带轻轻包扎受伤区域，但注意不要绑得太紧，以免影响血液循环。

4. Elevation(抬高) 尽可能将受伤部位抬高至心脏水平以上，有助于减少肿胀。

(二)疼痛管理

轻度到中度的疼痛可先尝试非处方药物如布洛芬或对乙酰氨基酚，但务必按照说明或医嘱使用。避免使用阿司匹林，因为它可能增加出血风险。

(三)评估伤情

对于轻微擦伤、挫伤，家庭处理通常足够。但如果出现严重疼痛、关节不能承重、变形、持续的肿胀或开放性伤口，应立即就医。如果怀疑有骨折、严重扭伤或韧带撕裂，切勿自行处理，应尽快就医，避免延误治疗。

知识链接

严重伤口的紧急处理

1. 压迫止血法 直接用纱布、手帕或毛巾按住伤口，再用力把伤口包扎起来。此方法能暂时使出血速度减缓。

2. 止血点指压法 所谓止血点，就是在出血的伤口附近靠近心脏的动脉点，找到止血点用力按住，让由心脏流出的血液，不能顺畅地流向伤口，减少出血量。

3. 止血带止血法 严重的血流不止时，用布条三角巾或绳子绑在止血点上，扎紧；每 15 分钟路松开一次，以避免组织坏死。最好在 40 分钟以内送医急救。

(四)温水疗法

在急性期过后(通常 48 小时后)，可以使用温水浸泡或热敷来促进血液循环，加速恢复。但需确保伤势稳定，无明显肿胀。

（五）恢复性训练

在医生或物理治疗师的指导下，进行针对性的恢复训练。轻柔的伸展和强化练习可以帮助恢复关节稳定性和肌肉力量，但必须避免过度使用受伤部位。渐进式恢复，从低强度、低冲击的活动开始，逐步增加难度和强度。

（六）饮食与营养

保证足够的蛋白质摄入，以支持肌肉修复。维生素 C 和 D、钙和镁等营养素对于骨骼和软组织的恢复尤其重要，可以通过均衡饮食或补充剂获取。

（七）心理调适

保持积极乐观的态度，认识到康复是一个循序渐进的过程。必要时，寻求心理咨询或加入支持小组，分享经验，减轻心理压力。

课后习题

1. 请就健美操训练前后为什么要进行充分的热身与拉伸活动进行简要论述，并给出热身和拉伸的具体建议。

2. 分析健美操运动中疲劳的成因和表现，讨论如何通过有效的恢复策略从而提高运动员的训练表现和比赛表现？

3. 健美操运动中常见的运动损伤有哪些类型？这些损伤背后反映出运动训练中哪些可能存在的问题？

第五章　健美操竞赛组织与欣赏礼仪

章前导言

在体育精神的光辉照耀下，健美操竞赛不仅是一场体力与技巧的较量，更是文化与品德的展现舞台。随着体育事业的蓬勃发展，健美操作为一项集艺术性、健身性、观赏性于一体的体育运动，日益受到社会各界的广泛关注。为了确保每一场竞赛都能在公平、公正、公开的原则下顺利进行，同时弘扬体育精神，传递正能量，弘扬体育之美，提升参与者及观众的道德修养与文化品位，本章深入探讨了健美操竞赛的组织与欣赏礼仪，为构建和谐有序的竞赛环境提供了全面指导。

学前思索

1. 健美操比赛中，如何倡导和平、友爱、公正、公平的体育精神？

2. 健美操竞赛中，运动员应该遵守哪些比赛规则？如何保持良好的竞技精神？

3. 体育竞赛中的自由和平等是如何实现的？运动员在比赛中是否享有平等的权利和机会？

第一节　健美操竞赛组织

一、组织机构

健美操竞赛的组织机构承担着统筹规划、具体实施和全程监管赛事的重要职责。为使整个比赛的各项工作在严密的组织下顺利进行，须根据比赛规模的大小成立相应的组织机构，它们各司其职、协同运作，旨在确保赛事的高效运作和顺利完成。

（一）竞赛委员会

竞赛委员会是管理竞赛业务的专门机构，负责组织、策划和执行健美操的相关赛事，主要任务包括从健美操比赛方案的制订和实施到整个大会的竞赛组织工作。

（二）仲裁委员会

仲裁委员会是直属组委会的机构，在保证比赛公正性和公平性方面扮演重要角色。该委员会通常由经验丰富的专家和权威人士组成，负责裁定争议、监督规则执行、复核评分、维持竞赛秩序，并具有最终决策权威。其目的是保证赛事正常进行，保护参赛者权益，维护竞赛声誉和公正形象。

（三）裁判委员会

裁判委员会是负责比赛期间所有裁判工作的专业机构，专门领导、组织裁判工作。其主要职责和功能包括选拔与培训裁判员、制定与执行评分规则、组织与管理裁判工作、监督与矫正裁判行为、配合仲裁委员会处理申诉与争议等。

（四）大会办公室

大会办公室是大会组织委员会的权力执行机构，具体领导大会的工作。主要负责赛事日常行政管理和运营支持工作。其具体职责包括赛事筹备与组织、文件管理与发布、对外联络与接待、物资采购与财务管理、信息统计与报送，以及应急处理与安全保障等工作。

（五）宣传组

宣传组负责赛事推广、媒体合作、内容制作、网络直播、赛场氛围营造、公关活动策划和数据统计等，旨在提升赛事知名度和影响力，致力于将赛事打造成为一项具有广泛社会影响力的体育文化活动，进一步推动健美操运动的发展和普及。

（六）科研处

科研处可能并不常见于所有规模的健美操比赛组织中，但在一些大型赛事或者省队、国家队等较高层次的健美操组织中，可能会设有类似的部门或团队。其主要职责包括技术研发、数据分析、伤病预防、装备研究、教育培训和论文发表等，负责为科学研究采集数据和资料，促进健美操理论的发展，以更好指导实践。

知识链接

中国健美操协会成立于1992年9月，英文名称：CHINESE AEROBIC ASSOCIATION，缩写CAA。本团体是由从事健美操运动的团体和个人自愿结成的专业性的全国性的非营利性的社会组织，是中华全国体育总会的团体会员，是中国奥林匹克委员会承认的唯一的全国性健美操运动协会，是代表中国参加国际体操联合会及相应的国际健美操活动的唯一合法组织。

二、竞赛秩序册编排

健美操竞赛秩序册是整个赛事的核心指导手册，包含着竞赛的所有重要信息和具体安排。秩序册的编排工作是一件繁琐的工作，它要求细致、清晰、面面俱到，否则将导致比赛无法正常进行，也有可能产生一些误会。所以在编排秩序册时，一定要认真对待，其编排内容一般包括以下部分。

（一）封面与扉页

封面与扉页标注竞赛名称、主办单位、承办单位、协办单位、举办时间与地点、logo 等基本信息。

（二）比赛通知和补充通知等红头文件

红头文件包括发文单位、活动时间、比赛目的、参赛对象、竞赛项目与规则、报名方式、比赛地点、注意事项和联系方式等内容。文件需要严谨、清晰，确保参与者理解比赛安排。

（三）竞赛规程

竞赛规程详述比赛的宗旨、目的、参赛资格、比赛项目分类（比如单人操、混双操、三人操、六人操等）、年龄组别划分、报名方法和截止日期、比赛规则、评分标准、奖励办法等。

（四）组织机构

组织机构列出竞赛组委会成员名单及职能分工，仲裁委员会名单及工作办法、裁判员名单及其资质介绍。

（五）日程安排

日程安排细致到每天的具体活动安排，包括报到时间、领队会议、抽签时间、试场地时间、正式比赛时间、颁奖典礼时间等。

（六）参赛队伍与选手名单

按项目和组别列出所有参赛队伍和选手姓名，可能还包括他们的教练员名字。

（七）比赛顺序与分组

详细列出各个项目的比赛顺序，每个项目内各参赛队或选手的出场顺序，以及预赛、决赛的具体分组情况（如果需要的话）。

（八）场地示意图与座位图

提供比赛场地布局图，以及观众座位分布图。

（九）准则与规范

体育领域内为了规范相关主体的行为，确保体育活动公平、有序、专业地进行而制定的一系列准则和规范。这些守则通常包括了职业道德、行为规范、职责要求等方面的内容，如《运动员守则》《教练员守则》《裁判员守则》等。

（十）注意事项与纪律规定

明确参赛人员必须遵守的行为规范，包括赛场礼仪、安全须知、违禁药物政策等。

（十一）联系方式与应急信息

提供竞赛组委会、场地联系人、医疗服务等相关联系方式，以及应对突发事件的应急预案。

编制健美操竞赛秩序册时，要注重内容的全面性和准确性，语言表述清晰易懂，版面设计简洁明了，以便于参赛者及相关人员查阅和遵循。

三、竞赛组织安排

健美操竞赛的组织安排工作是一项系统工程，自大赛的筹划启动到比赛的成功举办，不仅需要精心的前期策划和细致入微的组织协调，更离不开严谨的规则执行、公正的裁判工作以及对健美操文化的积极传播和推广。将组织工作划分为前期准备、竞赛组织、竞赛实施及后期总结四个阶段，精心布置每个环节，力求实现健美操运动的推广、技术水平的提高以及参赛者素质的全面发展。

（一）前期准备阶段

1. 确定竞赛性质与规模 无论是国家级、省级、市级还是校级比赛，或是特定主题的比赛，均需确定参赛对象范围。

2. 确立竞赛目的与名称 明确比赛的目的，如增进交流、选拔优秀人才等；确定比赛名称，包括比赛总杯名和分杯名，如：×××年“×××”杯全国健美操锦标赛。

3. 制订竞赛流程 明确比赛项目（单人、双人、团体等）、参赛资格、报名方式及截止日期、比赛时间地点、评分标准等内容。

4. 组建竞赛组委会 设立组委会，划分职能小组，各司其职。

5. 宣传推广 通过多种途径发布竞赛信息，全方位宣传比赛，鼓励选手报名参加。

6. 赛前培训 可组织赛前培训或指导，帮助参赛者了解比赛规则、提升技能水平。

（二）竞赛组织阶段

1. 报名审核 收集并审核参赛队伍和个人的报名资料，确认符合参赛资格。

2. 场地准备与布置 预订合适的比赛场地。按照健美操比赛要求布置场地，包括舞台、音响、灯光、观众席等设施，确保空间充足，设备齐全。

3. 确定裁判和工作人员 选定具有资质的裁判员和相关工作人员，并对其进行赛前培训，统一评判标准和工作要求，确保比赛的顺利进行和公正评判。

4. 赛程编排 根据报名情况合理编排比赛日程和出场顺序。

5. 后勤保障 包括参赛队员的住宿、餐饮、交通安排，以及比赛现场的安全、医疗急救等保障工作。

（三）竞赛实施阶段

1. 开幕式 举行正式的开幕式，介绍竞赛背景、意义及参赛队伍等，进行庄严的裁判员代表和运动员代表宣誓等仪式。

2. 签到与检录 确保参赛队按时签到，完成赛前检录工作。

3. 进行比赛 按预定赛程进行比赛，做好比赛现场的管理和协调工作。

4. 紧急处理 及时处理比赛中出现的问题和突发情况，确保比赛的正常进行和安全顺利。

5. 颁奖典礼 赛后统计分数，确定各奖项归属，举行颁奖仪式，表彰获奖运动员和团队。

6. 资源回收与清理 清理比赛现场，妥善处理废弃物，恢复场地原貌。

（四）后期总结阶段

1. 总结反馈 对本次比赛进行总结，分析存在问题，总结经验教训，提出改进措施。

2. 赛后宣传 报道比赛成果，展示优秀运动员风采，推广健美操运动。

3. 文件归档 整理比赛所有相关文件资料，做好存档工作。

以上各个环节都需要详细规划，紧密配合，以保证健美操竞赛能够顺利、有序且高质量地进行。

第二节　健美操竞赛欣赏礼仪

一、进场礼仪

观众入场前应根据场地要求着装，不可赤膊光背入场。有些场地、场馆对观众穿鞋有特殊要求，应提前了解，做好相应准备。不带易燃易爆等危险物品及打火机、酒瓶、凳子、刀具等硬件物品入场；不带易拉罐等罐装物品入场；不带宠物入场。尽量提前或准时入场，如有安全检查规定，应积极配合；如开车前往，按规定路线行驶、停车。有序入场，注意礼让老弱、妇女儿童及外国朋友，如有需要，为其引路指座。

二、观看礼仪

（一）尊重国旗

当赛场宣布举行升国旗、奏国歌仪式时，现场所有人员都应起立、脱帽，身体转向旗杆方向，等待升旗。升国旗、奏国歌仪式开始后，应肃立并面向国旗行注目礼，并跟着乐曲用正常音量唱国歌。如果是升他国国旗、奏他国国歌，观众也应像尊重本国国旗、国歌一样肃立，行注目礼。

（二）遵守规则

1. 场地规则 观众在观看比赛时要保持场地整洁和态度礼貌，禁止在场地周围大声喧哗，不要在比赛进行时随意走动。需将手机关闭或设置振动状态，不得使用闪光灯。

2. 比赛规则 健美操比赛过程中有一系列的评分标准和规定，观众应该了解这些规则，以便更好地理解比赛的进行和评判标准。

（三）热忱有度

在健美操竞赛过程中，运动员需要思想高度集中地完成某些高难度动作，在进行难度动作时，应保持安静，待运动员完成动作或表演结束后，方可鼓掌喝彩以示鼓舞。这不仅能够激发运动员的潜能，还能营造出热烈、鼓舞人心的比赛氛围，让健美操竞赛成为一次难忘的体育盛宴。

（四）尊重裁判

由于健美操竞赛的评判涉及多个维度，包括技术分、艺术表现分等，是一项综合评价。因此观众应充分认识到裁判的专业性与公正性，信任他们基于规则与标准作出的裁决，这是对比赛公正性的基础保障。任何对裁判的无端质疑或不尊重，不仅破坏比赛秩序，还削弱了健美操运动的专业形象。

（五）尊重运动员

（1）健美操竞赛是全球性的体育活动，吸引了来自不同国家、种族、性别和年龄的运动员参与。观众应秉持开放包容的心态，尊重每一位参赛者的文化背景和个体差异，避免任何形式的歧视言论或行为。观众应该给予选手们充分的尊重和支持，鼓励他们在比赛中发挥出自己的实力和潜力。通过文明、友好的观赛态度，展现体育精神的真谛，促进国际的友好交流。

（2）对残疾运动员的称谓应礼貌规范，在尽量淡化其残疾色彩的同时还应注意向残疾运动员表示祝贺的方式。注重忌讳，戒掉不良口头禅，不能对残疾人使用带有侮辱、歧视色彩的蔑称和贬称。

三、退场礼仪

比赛中，若要提前退场，在不打扰他人的情况下尽快离开。比赛结束时，向双方运动员鼓掌致意。退场时，按座位顺序有序离场，带走个人垃圾，保持赛场清洁。如遭遇突发事件不要慌张，应在场馆工作人员的指挥和疏导下，迅速有序地离场。

课后习题

1. 健美操比赛中，如何处理运动员的不当行为或违规行为以保证比赛的公平性和规范性？

2. 健美操竞赛组织安排工作主要分为哪几个阶段？请简述其工作内容。

3. 在观看健美操比赛中，观众应该遵守哪些竞赛欣赏礼仪？

实践篇

第六章　健美操运动的教学与创编

章前导言

在当今体育教育的多元化浪潮中，健美操的魅力不仅在于其韵律之美和动作之巧，更在于其能够成为创新精神与实践能力的培养场。本章通过探索健美操教学的广阔天地，通过科学的教学方法和创编策略，致力于打造一个以学生为中心，鼓励创新实践，将学生从被动接受者转变为积极的探索者与创造者，为学生的终身体育意识和综合素养的提升奠定坚实的基础。

学前思索

1. 你认为通过哪些教学方法可以提高课堂的互动性？
2. 让你印象最深刻的健美操套路是哪一个？有何特点？
3. 你期待的健美操课堂教学是什么样子的？最喜欢哪种学习方法？

第一节　健美操教学

健美操教学是现今体育教学的重要组成部分，是指在科学方法指导下的使学生系统高效地掌握健美操基本知识、运动技能，促进身心健康，提高综合素质的教学活动。在教学环节中，学生的身体素质和审美素养得到提高，有助于培育团队协作精神，传播健康生活理念，培养终身体育意识。健美操教学须遵循高质量体育教学原则，采取科学高效的教学方式。

一、健美操教学目的和任务

（一）教授基本理论与技能

系统地向学生传授健美操的基本概念、运动原理、动作技术和编排方法，确保学生掌握正确的健美操动作要领和技巧。

（二）增进健康美

健美操作为一种有氧运动，通过有规律的练习，可以增强心肺功能，加快血液循环，提高身体免疫力，预防常见疾病，降低患病风险，促进身体健康发育。

（三）塑造形体美

健美操的动作设计有助于调整和优化身体姿态，纠正不良体态，塑造匀称、健康的体型，同时也能帮助培养良好的日常身体姿态习惯。

（四）提高身体素质

通过科学合理的健美操训练，能够全面提升练习者的身体素质，包括力量、速度、耐力、柔韧、灵敏等基本身体素质，以及空间感知、节奏感和动作协调性等特殊素质，改善身体协调性和平衡能力。

（五）促进心理健康

健美操的韵律性和艺术性有助于释放紧张情绪，提高自信心和自我表现能力，培养坚韧不拔的精神，缓解压力，促进心理健康。

（六）提高审美素养

健美操教学融汇了音乐、舞蹈和体育元素，通过各类动作的展示和对节奏感的把握，能够提高音乐感知力和舞蹈艺术表现力，培养良好的审美情趣和艺术修养。

（七）传播健康理念与终身体育意识

借助健美操教学，传递积极向上、健康生活的理念，养成定期锻炼的习惯，树立起“运动就是生活，生活就是运动”的终身体育意识，从而受益终身。

（八）提高安全保护意识

在教学过程中，要强调安全注意事项，教授如何避免运动损伤，提高学生的运动安全意识和自我保护能力。

（九）培育团队精神与社交能力

在健美操集体项目的教学中，强调团队配合与协作精神，培养团队协作精神和集体荣誉感；通过组织分组练习、队形变换、集体表演等活动，可以提升团队合作能力和社交互动技巧。

健美操教学不仅是教授运动技能，更是涵盖了从身体健康到心理素质、从个人技能到团队协作等多方面的综合教育任务。

二、健美操教学特点

（一）多样与融合

健美操融合了体操动作、舞蹈、音乐等多种元素，教学内容具有较强的综合性，且根据不同年龄、性别、技术水平等因素，可以设计出不同风格和难度的健美操套路，体现出多样性。教学中既强调动作的技术性，又强调动作的艺术表现力，教师会引导学生将动作与音乐节奏、情感表达紧密相连，教学内容多元化、综合性极强。

（二）节奏与韵律

健美操动作与音乐变化紧密结合，教学中注重培养学生的节奏感和动作韵律感，强调动作与音乐的和谐统一。要求学生能准确把握节奏，在音乐节奏的引领下流畅地完成各种动作，从而提升动作的韵律美感。

（三）健身与安全

健美操动作设计考虑到不同群体的身体条件，特别强调动作的标准化和安全性，教学中会详细介绍和演示动作技术要领，强调热身、拉伸等环节的重要性，避免因不当操作造成的伤害，确保运动的效果以及长远的健康效益。

（四）创新与实践

健美操项目具有不断创新的特点，教学内容随时代发展不断更新，同时也根据不同学员的水平和需求进行不同程度的改编和拓展。同时，健美操教学注重实操演练，通过反复练习让学生体验动作的变化与美感，提高动作的熟练程度和艺术表现力，确保学生能掌握并运用所学技能。

（五）身心兼修

健美操不仅注重外在形体的塑造，还具有良好的心理调适作用，教学中强调身心的协调发展，通过有氧运动帮助学生减轻压力、释放不良情绪，实现身心健康的双重目标。

（六）个性化与差异化

健美操教学能够针对不同的学生群体，提供个性化的教学方案。教学过程按照由易到难、由简到繁的原则，用逐步递进的方法照顾到个体差异，确保学生在逐步提升的过程中建立自信和打下扎实的基础。

（七）团队协作与趣味性

为了提高学生的学习积极性，健美操教学常利用丰富的音乐素材、多彩的服装道具及竞赛、展示等形式。其中很多项目需要团队配合，强调团队合作与交流，营造积极、愉快的学习氛围，有利于提高学生的团队协作能力和社交能力。激发学生的学习兴趣和动力。

（八）审美教育

健美操教学注重动作的美感培养，通过艺术化的教学手段，提高学生的审美，有利于学生身心健康的发展。

（九）全面的教育功能

除了运动技能的传授，健美操教学还具有美育、德育、智育等功能，对于学生的认知、情感、意志品质以及社会适应能力等方面都有积极作用。

健美操教学以其鲜明的特色，不仅是学校体育教育的重要组成部分，也是社区、企事业单位乃至家庭健康生活方式推广的理想载体，对于推动全民健身运动的普及和发展起到了积极作用。

三、健美操常用教学方法

（一）情景教学法

情景教学法是一种以建构主义学习理论为指导的教学方法，它强调在教学过程中创造或模拟与现实生活紧密相关的、具有情感色彩和具体形象的情境，以便更好地吸引学生参与到学习活动中来。这种方法的主要目标是通过构建有意义的情境，让学生在接近真实的环境中学习和应用知识，从而增强他们对所学内容的理解、记忆和迁移能力。

情景教学法通常包含以下核心要素。

1. 情景　设计与教学内容相关联的真实或模拟情景，使学生能够在该情景中自然而然地接触和使用新知识、技能。

2. 协作　鼓励学生在情境中合作解决问题，通过互动交流加深理解和增进团队合作能力。

3. 会话　通过角色扮演、讨论等形式促进学生之间的对话和信息交换，进一步澄清概念，建立共同认知。

4. 意义建构　确保情境能够引发学生的深度思考，帮助他们主动建构自己的知识体系，而非简单接收信息。

在实施情景教学法的过程中，教师可能会运用多种手段，如多媒体演示、实物展示、现场模拟、角色扮演、案例分析等，来创设和还原教材中的情景，或者联系现实生活中的实例，以激发学生的情感共鸣和参与热情（表6－1）。

表6－1　情景教学法案例

主题情景创设	电影主题健美操单元：教师可以根据一部热门的体育题材电影或舞蹈电影，选取其中的动作元素和故事情节，设计一套健美操组合，让学生在模拟电影场景中学习和表演，这样既能增强学生对动作的记忆，又能通过情节代入提高他们的学习兴趣和参与度
生活场景模拟	职场礼仪操：教师可以模拟商务场合中的站姿、走姿、坐姿等礼仪动作，结合健美操的柔韧、力量和协调性训练，创设“职场形象塑造”情景，教导学生在实际生活中优雅自信的姿态和仪态
故事演绎健美操	环保主题操：围绕绿色环保主题，教师可以编排出一套模仿自然界生物动作的健美操，如模仿鸟类飞翔、鱼儿游弋等，每个动作都蕴含着保护生态环境的信息，让学生在“故事”中体验和学习健美操动作的同时，潜移默化地接受环保教育
角色扮演情景	民族风格操：根据中国各民族特色舞蹈，设计相应的健美操单元，让学生扮演不同民族的角色，通过学习各民族特色的舞蹈动作，丰富健美操的内容，同时增进对民族文化多样性的认识和尊重

（二）任务驱动法

任务驱动法是一种教学策略，它主要基于建构主义学习理论，强调以具体的任务为核心组织和开展教学活动，促使学生在完成任务的过程中主动学习和获取知识、技能以及问题解决的方法。这种教学方法将重点从传统的讲授转移到了实践操作上，有助于提升学生的动手能力和创新思维（表6－2）。

在任务驱动法的具体实施中，主要包括以下几个步骤。

1. 设计任务 教师根据教学目标设定具有一定挑战性且与现实情境紧密结合的任务，任务应涵盖所需教授的知识点和技能点。

2. 分配任务 向学生详细解释任务要求、目标及完成任务可能需要的相关知识和技能，鼓励学生自主探究和合作学习。

3. 完成任务 学生独立或分组执行任务，在此过程中，教师作为指导者和协助者，引导学生逐步攻克难关，掌握必要的知识点和技能。

4. 反馈与评价 学生完成任务后，进行成果展示和交流，教师和其他学生共同对其完成情况进行反馈和评价，总结经验教训，明确改进方向。

5. 知识内化 通过任务的完成和反馈过程，学生将实际操作的经验转化为内在的知识结构，并能将所学应用于新的情境中。

任务驱动法的优点如下。

（1）能够激发学生的学习兴趣和积极性，提高他们的自主学习能力。

（2）通过解决实际问题，有助于培养学生的问题解决能力、创新能力和实践操作能力。

（3）强调知识在真实情境中的运用，有利于提高知识的实用性和迁移性。

表6－2 任务驱动法案例

项目型任务	创编一段团体健美操：教师可以布置一项任务，要求学生分组，每组根据特定的主题（如校园文化、节日庆典、健康生活方式等）创编一段原创的健美操组合。小组成员须分工合作，研究健美操的基本元素和动作编排原则，然后设计动作序列、音乐搭配和队形变换。完成后，各组进行展示，并由教师和其他组员进行评价。这不仅锻炼了学生的实际操作能力，还提高了他们的团队协作和创新思维
分解动作达标任务	技术动作过关挑战：针对某个复杂的健美操技术动作，如高踢腿、侧手翻或托马斯全旋，教师可以将其拆解成若干步骤，每个步骤作为一个子任务，学生需要逐步完成并达到标准。教师提供详细的操作指南和演示，学生通过反复练习和提交视频记录，直到达到技术要求
实战演练任务	健身指导方案制定：假设学生将来可能会成为健身房教练或社区健身指导者，教师可以布置任务，让学生针对不同年龄层或健身需求的人群，设计一份健美操课程方案，包括热身、主体训练、放松拉伸等内容，每个部分都需要列出具体动作及目的，并阐述为何选用这些动作的理由

（三）动作示范法

动作示范法是一种直观、生动的教学方法，通过教师或教练的实际操作演示，让学生观察、模仿和练习，以此来传授技能、技巧或特定的动作要领。

在动作示范法的具体实施过程中，一般包括以下几个关键环节（表6-3）。

1. 准备阶段 教师选择合适的时间、地点，确保示范动作清晰可见，并准备必要的教学器具。

2. 正确示范 教师按照正确的技术动作顺序和规范标准进行演示，强调动作的关键节点、节奏、力度以及身体各部位的协调配合。

3. 多角度示范 为了让学生全面理解和掌握动作，教师可能需要从不同角度、慢动作或分解动作来进行示范。

4. 辅助讲解 在示范的同时，教师用语言进行同步讲解，阐明动作原理、作用、难点以及如何避免错误姿势等要点。

5. 学生模仿与练习 学生观看示范后，按照教师的指导开始模仿练习，教师在旁给予及时纠正和个性化指导。

6. 反馈与调整 教师对学生模仿练习的效果进行观察与评估，提供有针对性的反馈，指导学生不断修正和完善动作。

动作示范法不仅有助于学生直观、快速地掌握动作技能，还能培养他们的观察力、模仿力和实践操作能力，对于某些抽象、复杂或需要精细操作的技能教学尤为有效。

表6-3 动作示范法案例

教师现场动作示范	1. 标准动作展示：在教授一个新的健美操动作时，教师首先会亲身示范正确的动作形态和技巧细节，如跳跃、转体、踢腿等，强调身体各部位的协调配合、力度的把握以及节奏的掌控 2. 镜面示范与背面示范：为了照顾到所有学生的学习视角，教师会从正面（镜面示范）和背面（背对学员示范）两个方向进行示范，确保学生可以从多个角度观察和模仿动作
分步骤示范	1. 动作拆解示范：对于较为复杂的连贯动作，教师会将其拆解成单一的、易于理解的部分，逐一进行慢速、细致的示范，便于学生逐个掌握并组合起来 2. 错误动作对比示范：教师还会展示常见的错误动作，并与正确动作进行对比，帮助学生识别并避免错误，加深对正确动作的理解
多媒体辅助示范	1. 视频回放与解析：使用摄像设备录制下教师本人或其他优秀运动员的示范动作，课上播放并暂停、回放关键帧，结合讲解，让学生反复观摩学习 2. 三维动画演示：借助现代科技，使用三维动画软件制作健美操动作的三维立体演示，从各个角度呈现动作的空间结构和动态过程
同伴示范与互评	学生代表示范：教师可以选择动作做得较好的学生进行示范，其他学生观察并学习，随后开展同伴互评，增加课堂互动性，同时也让学生有机会从同龄人的示范中汲取经验

（四）语言激励法

语言激励法是一种通过言语表达对个体进行正面鼓励、肯定和激发潜能的教学方法，目的在于提高学生的学习动力、自信心和学习成效。在日常教学管理、课堂氛围营造和学生个性发展等方面发挥着积极作用。

语言激励法的核心原则如下。

1. 积极肯定 教师在教学过程中，对学生的表现和努力给予积极的反馈和肯定，比如表扬学生的进步、赞赏他们的独特见解和创新思维等。

2. 鼓励探索 鼓励学生大胆尝试、不怕失败，用诸如“你的协调能力很强，这个动作你一定可以的，加油”“你的动作很美，再加强一下控制力会更棒”等话语激励他们持续探索。

3. 建立信任 尊重每个学生的差异，用信任的语言支持他们，如“我相信你能做到”“你的潜力很大，只要坚持，一定可以克服困难”。

4. 指导成长 针对学生的不足之处，采用建设性的批评和建议，如“这次虽然没做好，但看到你非常努力，下次我们换个方法试试看”，既指出问题，也给予改进的信心和方向。

5. 设置期望 明确告诉学生对他们未来的期待，树立学习目标，如“我知道你有这个能力，我期待你在接下来的项目中展现出更优秀的一面”。

通过有效的语言激励，教师可以帮助学生建立起积极的学习态度，提升自我效能感，进而激发他们在学习道路上不断前行的动力。同时，这也要求教师具备敏锐的洞察力，能够准确捕捉到学生的闪光点和潜在需求，适时、适度地运用激励语言，形成良好的教育激励氛围（表6－4）。

表6－4 语言激励法案例

正向反馈与肯定	1. 即时表扬：当学生成功完成一个新学的动作或有所进步时，教师可立即给予积极评价。例如“非常好，小红同学的转身动作力量控制得恰到好处，大家看她的手臂延伸和身体重心转移都非常到位，这就是我们今天要达到的标准” 2. 个性化鼓励：针对不同学生的特长和进步点，教师可以有针对性地鼓励，比如，“小李，你今天的跳跃高度比上周提高了，继续保持这种上升势头，你会越来越棒”
目标设定与挑战	1. 设定明确目标：在课程开始时或阶段教学中，教师可以通过语言设定具体目标，例如“这节课我们的目标是每个人都能流畅完成整套健美操动作，让我们一起努力挑战自我吧” 2. 激发竞争意识：如“接下来我们要分成小组进行比赛，看看哪一组能够最准确、最有活力地展现这套操，赢得比赛的小组将获得额外的锻炼奖励”
团队建设与合作激励	1. 团队协作表扬：当发现学生们在团队活动中表现出良好的互助与合作时，教师可以称赞道“看到你们之间互相帮助纠正动作，这种团队精神正是健美操训练中必不可少的一部分，我为你们感到骄傲” 2. 鼓舞士气：在遇到难度较大或体能消耗较大的环节时，教师可以用振奋人心的语言激励学生“加油，同学们，最后五组动作坚持住，想想我们每次突破极限后的成就感，你们一定能做到”
情绪调动与情感连接	情感共鸣：教师在讲述健美操背后的故事或者强调其对身心健康的益处时，可以用感性的语言来激发学生的情感共鸣，例如“每个舞蹈步伐都是对我们身体潜能的探索，每一次伸展都代表着成长和坚韧，让我们共同享受这份力量之美”

（五）评价教学法

评价教学法（assessment for learning）又称形成性评价教学法，以评价为导向，强调在教学过程中持续、动态地收集和利用信息，以促进学生学习的进步和能力的发展。这种教学法的核心理念是将评价视为教学的一部分，而非仅仅是对学生学习结果的事后考核（表6－5）。

评价教学法的特点和实施要点如下。

1. 持续性评价 在教学全过程中，教师持续关注和评估学生的学习进展，及时发现问题，调整教学策略，确保学生在各个阶段都能得到适当的支持和指导。

2. 多元化评价 评价不仅局限于传统的笔试测试，还包括观察、口试、作品集、项目作业、同伴互评等多种方式，全面了解和评价学生的学习表现、思维方式和问题解决能力。

3. 过程导向 重视学生在学习过程中的行为、态度和进步，而不只是最终的分数。教师鼓励学生自我反思，认识到自身的学习过程和进步空间。

4. 反馈指导 提供及时、具体、有针对性的反馈，帮助学生识别自身的优势和不足，明确改进的方向，提升自主学习的能力。

5. 目标透明 明确告知学生学习目标和评价标准，让学生明白怎样才算达到学习要求，积极参与到学习进程中。

表 6-5 评价教学法案例

过程性评价	1. 动作分解评价：在教授新动作时，教师会逐步检查和评价学生对每个动作细节的理解和掌握程度。例如，在学习健美操中的腿部踢腿动作时，教师不仅评价踢腿的高度和力度，还会考查学生的身体姿态、平衡保持以及肌肉控制等方面 2. 实时反馈：在课堂练习环节，教师随时对学生进行口头点评，指出他们在执行动作时的优点与改进之处，比如“小明同学的弹跳力很好，但落地缓冲还需加强，注意利用膝关节吸收冲击”
同伴互评与自我评价	1. 同伴互查：组织学生结对或分组，让他们相互观察并提供反馈。这样不仅能培养学生的观察能力和沟通技巧，还利于他们从不同角度理解动作要领，如“请同学们两人一组，互相检查对方手臂挥动的幅度是否标准” 2. 自我反思：教师布置作业，让学生记录自己的训练体会和进步情况，并定期提交自评报告，促使学生对自己参与健美操活动的过程和成果进行深度思考和总结
多元化评价指标	1. 技术性评价：针对健美操的技术动作，设立评价量表，包含动作规范度、连贯性、节奏感等多方面内容，每项都有明确的评价标准和等级划分 2. 非技术性评价：除了技术层面，还包括对学生的心理素质、团队协作、创新表现等方面的评价，如在编排小型健美操表演时，对学生的创意设计和团队凝聚力进行评价
终结性评价与展示	1. 期末考核：学期末举办健美操汇报演出或技能测试，综合考查学生在整个学期中的学习成果，包括个人成套动作演示、集体配合表演等 2. 成长档案袋：收集学生在学期中的各种作品，如视频录制的训练片段、自我反思日记、技能改进计划等，形成一个反映学生健美操技能和个人成长轨迹的档案袋，作为评价其学习过程和成绩的重要依据

评价教学法的目标是通过系统的评价活动推动教学和学习的改善，激发学生的学习动机，提高教学质量，实现教育公平，促进每一位学生的全面发展。

总之，上述教学方法既有各自的特点和功能，又有统一的内在联系。在健美操教学中，应根据课程任务等需要，灵活运用上述方法，使之成为教学过程的重要一环。

（六）游戏比赛法

游戏比赛法是一种寓教于乐的教学策略，通过设计和组织各类游戏和竞赛活动，激发学生的学习兴趣和积极性，让他们在轻松愉快的竞争氛围中主动学习和掌握知识技能。这种方法在实际教学中广泛应用于各个年龄段和学科领域，尤其是儿童教育和体育教育中（表6－6）。

游戏比赛法的主要特点和优势如下。

1. 激发兴趣 通过游戏化的形式，降低学习门槛，吸引学生积极参与，提高他们的学习兴趣和专注度。

2. 实战演练 在游戏中，学生需要运用所学知识去解决实际问题，将理论知识转化为实践能力，提高知识的应用性。

3. 团队合作 许多游戏比赛需要小组协作完成，这有利于培养学生的团队精神、沟通能力和协作技巧。

4. 竞争激励 比赛的胜负机制可以刺激学生的竞争意识，激发他们的求胜欲望，从而更加努力地学习和提升自己。

5. 即时反馈 游戏比赛的结果往往能迅速呈现出来，教师可以根据比赛结果及时给予反馈和指导，帮助学生认识自己的优点和不足。

在实施游戏比赛法时，教师需要精心设计游戏规则，确保游戏内容与教学目标紧密相连，既要保证趣味性，又要保证教育性。同时，也要注意兼顾学生的发展需求，让每一个学生都能在比赛中有所收获。

表6－6 游戏比赛法案例

动作接龙游戏	教师随机指定一个健美操动作，第一个学生做出这个动作后，下一个学生需要重复前者的动作并且接着做出一个衔接的新动作，依此类推，形成一个完整的动作链。通过这种方式，检验和提升学生的反应速度、动作记忆和创新思维
团队动作编排大赛	将学生分为若干个小组，每个小组负责编排一段独具特色的健美操短剧或小品，其中包括规定的健美操动作元素。在规定时间内完成并展示，由教师和其他小组投票选出最佳编排奖，以此锻炼学生的团队协作、创新思维和艺术表现力
健美操接力赛	游戏设置：设计一条包含多个健美操动作的赛道，每个学生需要按照顺序完成各自的任务。例如：跳跃、踢腿、转体等。每完成一个动作，学生便迅速传递给下一个队友，直至所有队员完成所有动作，用时最少的队伍获胜。此游戏旨在提高学生的动作执行力和团队协作能力
健美操闯关游戏	游戏内容：教师设置多个健美操动作关卡，每个关卡对应一个动作或动作组合，学生须依次通过关卡，只有正确完成当前动作才能进入下一关。在游戏中，教师可根据学生的表现进行及时指导和反馈，促使学生在愉快的竞争氛围中掌握健美操动作

（七）合作学习法

合作学习法（cooperative learning）是一种以小组活动为主要形式的教学方法，它强调通过团队协作的方式，促进学生之间的互动交流、共享资源、共同解决问题，以提高学习效果和质量（表6－7）。

以下是合作学习法的主要特点和实施要点。

1. 小组合作 将学生分组，每组通常由4～6人组成，成员之间具有不同的知识基础、技能特长及性格特点，以便互相补充、相互学习。

2. 任务分配　每个小组需要完成明确的学习任务或项目，任务设计应具有一定的挑战性，能激发学生的探索欲望，同时也要求各成员分工合作才能完成。

3. 互动交流　小组内部成员要保持频繁有效的沟通交流，分享各自的观点、思路和学习成果，通过讨论、辩论等方式共同解决难题。

4. 角色分工　在合作过程中，小组成员可扮演不同的角色，如协调员、记录员、发言人等，以此锻炼领导力、组织能力和团队协作能力。

5. 互评互助　小组内的同伴互评是合作学习的重要环节，通过彼此的反馈和建议，帮助每个成员改进学习方法、提升学习效果。

6. 目标共识　确保所有小组成员对学习目标有清晰的认识，形成共同追求的目标意识，进而调动大家的积极性和主动性。

7. 教师指导　教师在整个合作学习过程中起到引导和支持的作用，设定合适的学习框架，提供必要的资源支持，同时监控学习过程并给予适时的指导和反馈。

通过合作学习法，不仅能够增强学生的问题解决能力、批判性思维和人际交往能力，还能提高学生的学习积极性和自信心，促进学生全面素质的发展。

表 6－7　合作学习法案例

小组编舞与分享	教师将学生分成若干个小组，每个小组负责创作一段健美操舞蹈或动作组合。小组成员共同讨论、设计和演练，每个人都有机会提出想法和意见，共享创作过程中的成功与挑战。完成后，各小组互相展示和学习彼此的作品，通过这种方式，学生不仅习得了健美操动作，也锻炼了团队协作和创新能力
技术互助与纠错	在学习复杂或高难度的健美操动作时，小组内的学生可以相互担任小老师的角色，通过观察、指导和纠正对方的动作，共同提高技术水平。这种方式让学生有机会从他人的视角理解动作，同时也培养了他们的沟通和指导能力
分层教学与小组帮扶	根据学生的体能水平和技术熟练程度，教师可以实施异质分组，即在一个小组内包含不同层次的学生，能力强的学生帮助能力较弱的学生，通过小组内部的合作学习，共同达到课程目标
角色扮演与分工合作	在一些大型健美操表演或项目中，小组成员可分别承担起策划、编排、执行、宣传等不同角色，大家共同为一个目标努力，通过分工合作，深化对健美操项目的整体理解，同时提高个人的社会交往能力和责任感
组间竞赛与合作挑战	设计团队之间的健康友好的竞赛，比如团队健美操展示比赛，小组成员需要共同商量战术、分配角色，并在竞赛中互相支持，通过团队间的良性竞争，提升全体学生的积极性和团队协作能力

通过合作学习法在健美操教学中的运用，不仅能够提升学生的健美操技能，还能有效培养他们的团队协作精神、人际沟通能力、解决问题的能力以及自我管理和领导能力，有助于全方位地提升学生的综合素质。

（八）延伸学习法

延伸学习法（enrichment learning approach）是指在教学过程中，教师通过拓展和深化教学内容，超越传统课程大纲的局限，以满足不同层次学生的需求，培养学生的高级思维技能和跨学科素养（表6－8）。

表6－8　延伸学习法案例

融合其他学科知识	结合人体解剖学和生理学，讲解健美操动作与肌肉群的关系，让学生在实践中理解动作对人体功能的益处。结合音乐理论和舞蹈编排，教授如何根据音乐节奏、节拍和情绪变化设计健美操动作
专题研究项目	学生可以选择特定的健美操分支，如瑜伽、普拉提或有氧搏击操，进行深入研究，了解其起源、发展和科学依据，并将研究成果用于优化个人或班级的健美操训练计划
创新实践	学生团队合作创编新的健美操套路，可以融入时尚元素、地方文化特色或现代舞、街舞等不同舞蹈风格，通过这样的实践活动提高学生的创新能力与审美鉴赏能力
跨年级/跨校合作	组织与其他年级或学校的健美操交流活动，通过联合演出或比赛，让学生在更大的舞台上拓宽视野，提高技能，同时增强团队协作和社会交往能力
社区服务与社会实践	学生将所学健美操技能带到社区，为居民提供公益培训，或者在学校运动会、文艺汇演等场合担任健美操表演嘉宾，将理论知识和实践经验相结合，服务于社会

这种学习方法鼓励学生超越课堂教材的直接内容，通过探究、实践、关联旧知识和发现新知识来扩展他们的理解和技能。

在实际应用中，延伸学习法可能包含以下特点和实施方式。

1. 主题或概念的深度挖掘　学生不满足于掌握基本知识点，而是进一步研究相关的背景、历史、前沿动态等，加深对核心概念的理解。

2. 跨学科整合　将一门学科的知识与其他学科相结合，让学生看到不同领域之间的内在联系，实现知识的迁移和综合运用。

3. 情境化学习　创设真实或模拟情境，促使学生将所学知识应用于解决实际问题，从而达到学以致用的目的。

4. 项目或案例研究　通过具体的项目或案例分析，引导学生进行深入研究，并在实践中发现新的问题，不断拓展原有的学习边界。

5. 个人兴趣导向　根据学生的个人兴趣来引导其自主学习，将兴趣作为动力源泉，促进他们在感兴趣的领域内更深层次地学习。

6. 反思与评价　在学习过程中鼓励学生自我评估和反思，思考如何将所学内容延展到未来的学习和个人成长之中。

通过上述方式，延伸学习法不仅促进了学生对健美操技巧的深入理解和掌握，而且培养了他们跨学科思考、研究性学习以及实践应用的能力，实现了课堂教学与课外实践的有效衔接。

知识链接

普拉提的英文是 Pilates（Pilates method），即“普拉提”（或称“普拉提技术”）。是以德国人约瑟夫·休伯特斯·普拉提（Joseph Hubertus Pilates）姓氏命名的一种运动方式和技能。普拉提生前对自创的这一套独特训练动作、运动的技能称为“控制术”（contrology）。它主要是锻炼人体深层的小肌肉群，维持和改善外观正常活动姿势、达到身体平衡、拓展躯干和肢体的活动范围和活动能力、强调对核心肌群的控制、加强人脑对肢体及骨骼肌肉组织的神经感应及支配，再配合正确的呼吸方法所进行的一项全身协调运动。

（九）探究式学习法

探究式学习法（inquiry – based learning）是一种以学生为主体，通过发现问题、提出问题、研究问题、解决问题的过程来获取知识的教学方法。该方法强调激发学生的好奇心和求知欲，培养他们主动探究、独立思考和创新实践的能力。探究式学习法的核心特点包括以下内容（表 6 –9）。

1. 问题驱动 从实际问题或现象出发，引导学生提出问题，激发他们寻找答案的兴趣和动力。

2. 自主探究 鼓励学生自己动手、动脑，收集信息、分析数据，建构和验证理论，而非单纯接受教师的传授。

3. 深度参与 整个学习过程需要学生全程参与，通过实验、观察、调查、讨论等多种方式，使学生全身心投入学习。

4. 合作交流 倡导小组合作学习，通过同伴间的讨论、协作与交流，共同解决问题，培养团队合作和交际能力。

5. 反思调整 探究过程中，学生需要不断地对自己的观点和结论进行反思和调整，形成迭代式的认知发展过程。

6. 过程重于结果 重视探究的过程而非仅关注最终的答案，注重培养学生的探究技能和科学素养。

表 6 –9 探究式学习法案例

动作探索与改良	1. 自由探索阶段：教师先展示一些基础健美操动作，然后让学生自行尝试、模仿和完善，允许他们在此基础上创造新的变体，探究不同动作对人体各部位肌肉的影响和锻炼效果 2. 小组研讨：将学生分组，每组选定一个主题（如提高柔韧性、增强核心肌群等），通过查阅资料、视频学习和实践探索，共同设计一套包含针对性动作的健美操组合
难点动作解析与优化	1. 问题提出：教师抛出一个具体的健美操动作难点，如旋转跳、空中劈叉等，让学生自主研究动作分解、力学原理和练习方法 2. 实践与改进：学生在小组内轮流展示和尝试该动作，通过拍摄视频、分析比较，找出动作中存在的问题并尝试解决方案，最后全体同学共享研究成果，共同提升

续表

健美操编排创新项目	1. 任务布置：要求学生根据音乐节奏和风格，结合所学健美操知识，自行设计一套原创健美操套路，探究如何通过动作编排表达音乐的情感和节奏 2. 展示与反馈：完成编排后，各小组在课堂上进行展示，其他同学和教师共同对其动作的科学性、艺术性和创新性进行评价和反馈，促使学生根据反馈意见继续修改和完善
健康效益的研究	1. 文献调研：鼓励学生查找相关资料，研究健美操对心肺功能、肌肉耐力、柔韧性和协调性等方面的锻炼效果，探究不同年龄段和身体条件的学生适合什么样的健美操锻炼方案 2. 实践论证：基于理论研究，学生们设计并实施一套健美操训练计划，记录锻炼前后各项生理指标的变化，通过实际数据验证健美操的健康效益

健美操课程将不再仅局限于教师讲授和示范，而是转变为以学生为主导，通过主动探究和实践，使学生在解决实际问题的过程中提升健美操技能，同时也培养了他们的自主学习、研究能力和创新思维。

（十）评价式学习法

评价式学习法（assessment for learning 或 formative assessment）是一种持续性、过程性的学习评价方式，强调在教学过程中对学生学习情况的实时了解和反馈，以促进学生的学习进步和发展。这种学习方法主要特点如下（表 6 – 10）。

1. 过程导向 评价式学习法侧重于对学生学习过程的观察、记录和分析，而不只是期末的一次性考试或测验。

2. 及时反馈 教师在教学过程中定期向学生提供关于他们学习进度、理解程度以及存在问题的反馈，帮助学生及时调整学习策略和方法。

3. 双向互动 评价不仅是教师对学生的单向评判，也包括学生自我评价和同学互评，促进学生对自身学习状况的认知和改进。

4. 多元化评价 采用多种评价工具和手段，包括口头问答、小测验、作业、项目、展示、论文等多种形式，全面反映学生的学习表现。

5. 激励成长 评价式学习法强调肯定学生的努力和进步，弱化分数排名的压力，更多关注学生的个体差异和潜能开发，激发学生的学习动机和自信心。

评价式学习法的核心价值在于通过持续不断地评价和反馈，使教学过程更加精准和高效，帮助每一位学生找到最适合自己的学习路径，从而提高教学质量，促进学生全面发展。

表 6 – 10 评价式学习法案例

形成性评价与即时反馈	1. 个别指导与微调：教师在学生进行动作练习时，及时观察每个学生的动作细节，提供个性化的即时反馈，如指出动作的准确度、力度、节奏感等方面存在的问题，并提出改进建议。例如，当学生完成一个跳跃动作后，教师可以立即指出起跳时机、空中姿态以及落地缓冲的优缺点 2. 动作录像回看：使用移动设备录制学生们的健美操动作，课后一同观看，进行集体讨论和自我评价，让学生在视觉回溯中发现自己动作的不足和亮点

续表

同伴评价与互帮互助	1. 配对或小组互评：组织学生两两配对或小组间互相观察和评价，通过他人的视角发现自身在技术、节奏、表情等方面的问题，并提出建设性意见。例如，学生 A 完成一套动作后，由学生 B 指出其动作的完整性、连贯性以及表情的投入程度 2. 反馈循环：设置周期性的同伴评价环节，让学生在收到他人反馈后，有足够的时间去改进，并在下次评价时展示改进后的成果
阶段性和综合评价	1. 技能模块评价：按健美操的不同技能模块（如跳跃、平衡、柔韧等）进行阶段性小测验，对每个模块的掌握情况进行评价，并记录在学习档案中 2. 期末综合展示：学期末组织一场健美操展示活动，要求学生完成一套完整的健美操组合，教师和其他学生依据动作准确性、整体表现力、创新性等因素进行综合评价
自我评价与目标设定	1. 个人成长记录：鼓励学生填写自我评价表，记录自己的进步历程，包括技术掌握、体能提升、心理素质改善等方面，同时设定下一阶段的学习目标 2. 持续跟踪改进：教师根据学生自我评价的结果，与其共同讨论并制订后续的改进计划，通过持续跟踪评价，确保学生能在不断反思与调整中取得实质性进步

评价式学习法是一种强调在教学过程中持续对学生学习进度进行实时反馈的常用学习方法，此方法可以帮助学生更好地理解和掌握健美操技能，同时能在实践中发现问题并及时改进。

第二节　健美操创编

一、创编步骤

健美操是一种结合音乐节奏，通过舞蹈动作来锻炼身体的运动方式。创作和编排健美操的过程可以分为以下几个步骤。

（一）确立创编目标与定位

（1）明确健美操的适用对象（如儿童、青少年、成人、老年人等）和目的（如健身、表演、竞技等）。

（2）根据目标群体的特点和需求，确定健美操的风格、难度、时长和预期效果。

（二）音乐选择与剪辑

（1）根据健美操的风格选择适当的音乐，音乐的节奏和旋律要与健美操的动作节奏相匹配。

（2）根据动作的时长对音乐进行剪辑，使得音乐结构与动作编排紧密结合。

（三）动作素材收集与设计

（1）收集健美操的基本动作元素，如步伐、跳跃、转动、平衡、拉伸等。

（2）根据音乐节奏创新设计或改编动作，注意动作的科学性、安全性及表现力。

（四）动作编排与结构规划

（1）以32拍为基本单位进行动作编排，确保动作与音乐节拍一致。

（2）规划动作的起承转合，设置高潮点和恢复期，保持动作的连贯性和变化性。

（五）队形设计与变换

（1）设计多个队形变化，可以是直线、弧线、圆形、交叉等，使视觉效果丰富多变。

（2）确保队形变换与动作切换同步流畅，增加观赏性和整体性。

（六）考虑锻炼效果与安全性

（1）根据锻炼者的身体状况和体能水平设计动作，保证动作的难易程度适中，不会造成运动伤害。

（2）确保动作覆盖全身主要肌群，达到全面锻炼的效果。

（七）实践与修改完善

（1）完成初步创编后，组织人员进行实地排练，通过实践检验动作的可行性和观赏性。

（2）根据实践反馈和教练、学员的意见进行调整和修改，直至达到理想状态。

（八）艺术加工与润色

在动作、队形和音乐的配合之外，还可以通过服装、道具、灯光等辅助手段提升健美操的艺术表现力。

二、编排原则

健美操作为一种深受大众喜爱的体育项目，它以其独特的运动形式达到了理想的健身效果，是一种极具观赏性和艺术性的体育表演。在编创健美操的过程中，遵循科学性、整体性、针对性、创新性和艺术性等原则至关重要，它们是指导健美操编创的核心理念，也是衡量一套健美操是否成功的关键标准。

（一）科学性原则

确保健美操的动作设计、运动负荷和训练方法符合人体生理学、解剖学、生物力学等相关科学原理，动作难度和运动量逐渐递增，适应不同人群的身体条件和体能水平。

（二）整体性原则

整体性原则是创编健美操必须遵循的重要原则之一。整体性原则需要在每一个细节中得到体现。从选取音乐、设计动作、安排节奏到控制表演的节奏和氛围，以及强调全面锻炼身体各部位，促进身体各项功能的协调发展等都需要考虑整体性原则。只有当所有的元素都有机地融合在一起，才能够打造出一个令人印象深刻的健美操套路。

（三）针对性原则

健美操创编时的针对性原则至关重要，根据参与者的年龄、性别、健康状况、锻炼目标以及特殊需求（如康复治疗、减肥塑形、竞技比赛等），设计具有针对性的健美操内容和训练计划。如青少年群体的健美操可以更多地引入活泼有趣的动作，增强骨骼发育和协调性训练；而对于成人，尤其是办公室族，健美操设计应重点关注缓解颈椎、腰椎压力的动作，改善久坐带来的不良影响，强化核心肌群。

（四）创新性原则

创新性原则强调的是在继承传统的基础上，不断推陈出新，引入新兴元素、编排手法和表现形式等，以适应时代的发展、满足大众的新鲜感需求以及推动健美操运动的进步。创新原则包括动作创新、编排模式创新、主题内容创新、技术应用创新和理念创新等。这些原则鼓励教练或编导在创编过程中不断创新，结合新元素和科技手段，使健美操运动更具时代感、挑战性和吸引力，激励练习者持久锻炼的兴趣。持续学习和开放探索也是保持健美操活力与魅力的关键。

（五）艺术性原则

艺术性原则强调将美学融入设计、音乐配合、表演情感表达和整体呈现，使其富有创意和美感。力求在锻炼身体的同时，提供一种视听艺术享受，提升健美操的表现力和观赏性，提高健美操艺术欣赏价值。

课后习题

1. 延伸学习法如何促进学生在健美操领域的跨学科融合？
2. 健美操创编分为哪几个步骤？
3. 在编创健美操的过程中，应遵循哪些编排原则？

第七章　健美操套路的学与练

章前导言

在当今多元化与全球化的时代背景下，体育运动不仅是体力与技巧的展现，更是艺术性与文化传播的重要载体。本章结合理论与实践，连接着健康与美学，沟通着传统与现代，将艺术性与文化传播融入日常健身、竞技赛场乃至表演舞台的探索。它引领我们认识到，健美操不仅是强身健体的工具，更是文化传播与艺术创新的生动实践。在这个充满活力的运动艺术领域里，每一个动作、每一次跳跃都是对美的追求与文化的传承，共同构建了一个充满活力与美感的健康新时代。

学前思索

1. 如何通过健美操套路的学习来培养学生的团队意识与合作精神？
2. 健美操套路的学习与训练如何兼顾体育锻炼与艺术表现？
3. 你在学习健美操套路时都遇到过什么困难？

第一节　健身健美操

健身健美操（通常称为大众健美操）是以健身、健心、娱乐和增进健康为练习主要目的的有氧运动，主要通过舞蹈动作和器械训练等方式，以达到提高身体素质和塑造身材的效果。健身健美操通常会根据练习对象的需求进行创编，更注重运动的趣味性和健康效益，它动作简单易学，节奏稍慢，动作多有重复并以对称形式出现，适合社会不同年龄层次的人。

一、健身健美操的分类

健身健美操按一定的特征可归为以下几类（表 7－1）。

表 7－1　健身健美操的分类

分类方法	具体内容
根据练习形式分类	1. 徒手健身操 2. 持轻器械健身操（如使用哑铃、彩球、花环、绳子、手鼓等） 3. 利用专门健美器械进行练习的健身操

续表

分类方法	具体内容
根据练习者的性别特征分类	1. 女子健身操 2. 男子健身操
根据练习者的年龄阶段分类	1. 幼儿健身操 2. 儿童健身操 3. 少年健身操 4. 青年健身操 5. 中年健身操 6. 老年健身操
根据人体解剖结构特征分类	1. 颈部健身操 2. 肩部健身操 3. 臂部健身操 4. 胸部健身操 5. 腰腹健身操 6. 髋部健身操 7. 腿部健身操 8. 足踝健身操
根据动作的内容特征分类	1. 形体健身操 2. 姿态健身操 3. 跑跳健身操 4. 垫面健身操
按其他特定目的的分类类	1. 热身健身操 2. 减肥健身操 3. 节奏健身操 4. 活力健身操

二、健身健美操自编套路

我国健身健美操运动开展非常广泛，各种成套健美操动作的练习时间、场地、人数、内容、动作名称、节奏快慢等没有统一的标准，可以根据练习者的需要进行编排。下面给大家介绍的这套自编的大学生健康活力健身操动作总长度为 16 个 8 拍，包括准备动作 4 个 8 拍、徒手操动作两个小节（8 个 8 拍）以及结束动作 4 个 8 拍，8 个 8 拍的徒手操动作可根据不同的音乐重复组合，增加了学习的趣味性、创新性和有效性。其动作强度适中、具有很好的锻炼价值。

（一）组合一：准备动作（4 ×8 拍）

第 1 个 8 拍（表 7 –2）。

表 7－2　第 1 个 8 拍

<table>
<tr><td colspan="3">1×8 拍
（前奏 1）</td><td>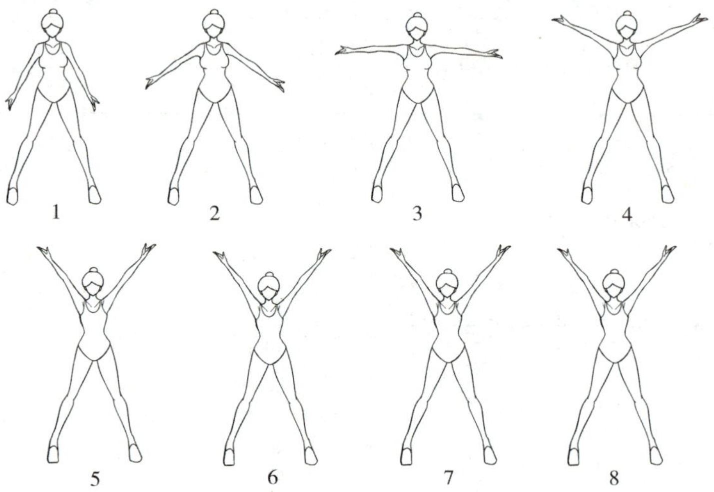</td></tr>
<tr><td rowspan="6">动作说明</td><td rowspan="2">步伐</td><td>1</td><td>1 拍右脚向右迈</td></tr>
<tr><td>2～8</td><td>2～8 拍保持不动</td></tr>
<tr><td rowspan="2">手臂</td><td>哒拍</td><td>拳心朝自己贴在背后腰部位置
（注：哒拍位于上一个八拍结束与这一八拍开始前）</td></tr>
<tr><td>1～8</td><td>直臂从身体两侧缓慢上举
（注：第 8 拍到位，中途连续不停顿）</td></tr>
<tr><td colspan="2">手型</td><td>哒拍实心拳
1～8 拍并掌，掌心朝上</td></tr>
<tr><td colspan="2">面向</td><td>1 点</td></tr>
</table>

第 2 个 8 拍（表 7－3）。

表 7－3　第 2 个 8 拍

<table>
<tr><td>2×8 拍
（前奏 2）</td><td></td></tr>
</table>

续表

动作说明	步伐	1～4	1～2 拍右并步 3～4 拍左并步
		5～8	5～6 拍右并步 7～8 拍左并步
	手臂	1～8	双手握实心拳屈臂作振臂动作 （说明：大臂端平小臂向前用力）
	手型		实心拳
	面向		1 点

第 3 个 8 拍（表 7－4）。

表 7－4　第 3 个 8 拍

3×8 拍 （前奏 3）			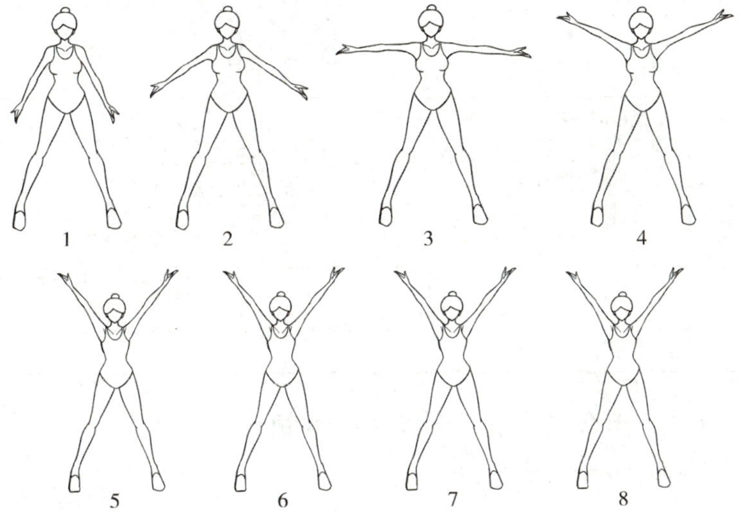
动作说明	步伐	1	1 拍右脚向右迈
		2～8	2～8 拍保持不动
	手臂	哒啪	拳心朝自己贴在背后腰部 （注：哒拍位于上一个八拍结束与这一八拍开始前）
		1～8	直臂从身体两侧缓慢上举 （说明：第 8 拍到位，中途连续不停顿）
	手型		哒拍实心拳 1～8 拍并掌，掌心朝上
	面向		1 点

第4个8拍（表7－5）。

表7－5　第4个8拍

<table>
<tr><td colspan="4">4×8拍
（前奏4）</td><td></td></tr>
<tr><td rowspan="5">动作说明</td><td>步伐</td><td>1～8</td><td colspan="2">1～8拍保持不动</td></tr>
<tr><td rowspan="2">手臂</td><td>哒拍</td><td colspan="2">大臂端平，拳心朝向身体，屈臂置于双肩
（注：哒拍位于上一个八拍结束与这一八拍开始前）</td></tr>
<tr><td>1～8</td><td colspan="2">两臂平行，在身体正前方从上到下缓慢下落至还原
（说明：第8拍到位，中途连续不停顿）</td></tr>
<tr><td colspan="2">手型</td><td colspan="2">哒拍实心拳
1～8拍并掌</td></tr>
<tr><td colspan="2">面向</td><td colspan="2">1点</td></tr>
</table>

（二）组合二：第一小节（4×8拍）

第5个8拍（表7－6）。

表7－6　第5个8拍

<table>
<tr><td>5×8拍
（a 1－8）</td><td>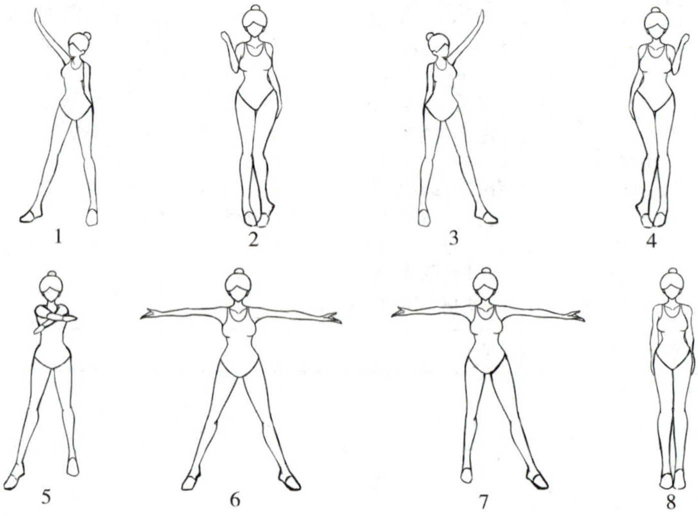</td></tr>
</table>

续表

动作说明	步伐	1～4	1～2 拍右并步 3～4 拍左并步
		5～8	5～8 拍右脚开始的 V 字步
	手臂	1～4	1 拍右手直臂上举至 45° 2 拍右手握拳屈臂回收，拳心朝上，大臂贴紧身体 3 拍左手直臂上举至 45° 4 拍左手握拳屈臂回收，拳心朝上，大臂贴紧身体
		5－8	5 拍右手重叠于左手，直臂向前 6 拍双臂经体前侧平举 7 拍保持不动 8 拍直臂下落至还原
	手型		1 拍开掌 2 拍实心拳 3 拍开掌 4 拍实心拳 5－8 拍并掌
	面向		1 点

第 6 个 8 拍（表 7－7）。

表 7－7　第 6 个 8 拍

6×8 拍 （a 2－8）			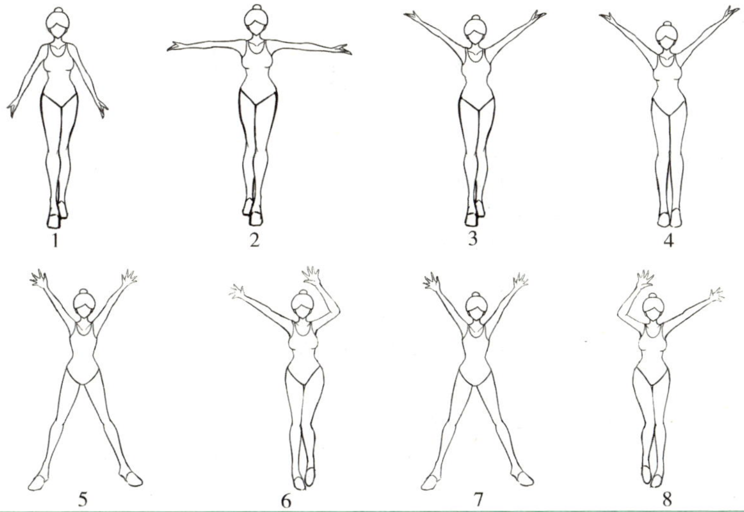
动作说明	步伐	1～4	1～3 拍右脚开始向前走三步 4 拍左脚并右脚
		5～8	5～6 拍右并步 7～8 拍左并步
	手臂	哒拍	拳心朝自己 （注：哒拍位于上一个八拍结束与这一八拍开始前）
		1～4	直臂从身体两侧快速上举 （说明：第 4 拍到位，中途连续不停顿）
		5～8	5 拍手臂侧上举成开掌，掌心朝前 6 拍左小臂向右弯曲 7 拍左小臂向左还原 8 拍右小臂向左弯曲

续表

<table>
<tr><td colspan="3"></td><td>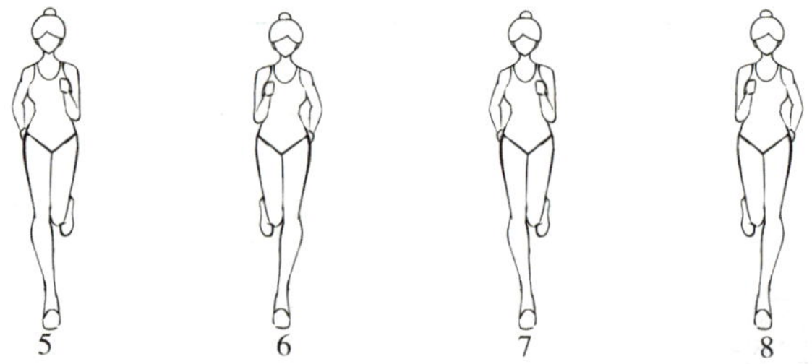</td></tr>
<tr><td rowspan="6">动作说明</td><td rowspan="2">步伐</td><td>1～4</td><td>1～2 拍右脚向右侧迈步，重心跟随右脚
3～4 拍重心移回左脚</td></tr>
<tr><td>5～8</td><td>5～8 拍右脚开始的向前跑跳步</td></tr>
<tr><td rowspan="2">手臂</td><td>1～4</td><td>1 拍两臂从下向右摆至与地面水平，左屈臂，左直臂
2 拍保持不动
3 拍两臂从下向右摆至与地面水平，右屈臂，右直臂
4 拍保持不动</td></tr>
<tr><td>5～8</td><td>5 拍奔跑姿势左臂在前
6 拍奔跑姿势右臂在前
7 拍奔跑姿势左臂在前
8 拍奔跑姿势右臂在前</td></tr>
<tr><td colspan="2">手型</td><td>1～8 拍实心拳</td></tr>
<tr><td colspan="2">面向</td><td>1 点</td></tr>
</table>

第 10 个 8 拍（表 7－11）。

表 7－11　第 10 个 8 拍

<table>
<tr><td>10×8 拍
（b 2－8）</td><td>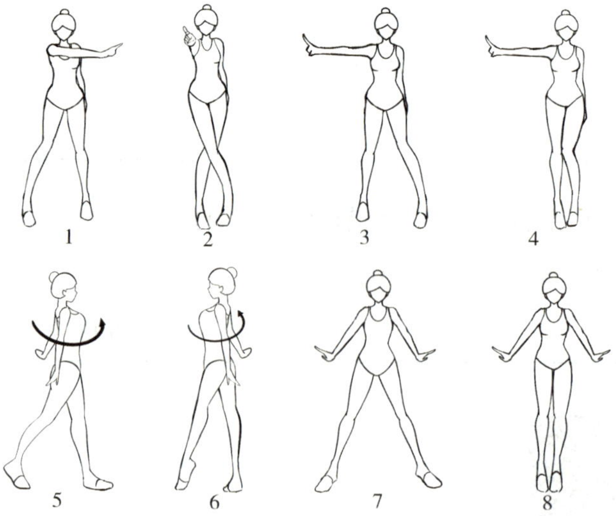</td></tr>
</table>

续表

动作说明	步伐	1～4	1～4 右交叉步
		5～8	5 拍左转 90°（左脚在前） 6 拍左转 180°右脚后退 7 拍左转 90°左脚向左迈步 8 拍右脚并左脚
	手臂	1～4	1 拍左手紧贴裤缝，右手臂直臂抬起与地面水平，“一指”指向 8 点方向 2 拍“一指”指向 1 点方向 3 拍“一指”指向 2 点方向 4 拍“一指”指向 3 点方向
		5～8	5～8 拍双臂斜下 15°
	手型		1～4 拍一指 5～8 拍立掌
	面向		1～4 拍 1 点 5 拍 7 点 6 拍 3 点 7～8 拍 1 点

第 11 个 8 拍（表 7－12）。

表 7－12　第 11 个 8 拍

11×8 拍 （b 3－8）			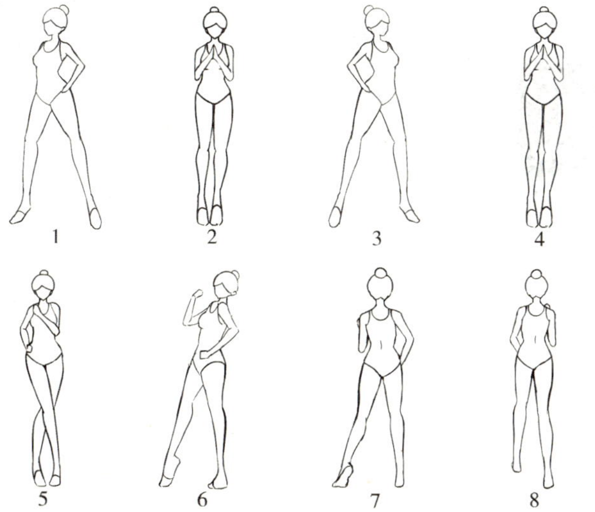
动作说明	步伐	1～4	1～2 拍 2 点方向右脚弓步跳 3～4 拍 8 点方向左脚弓步跳
		5～8	5 拍右脚的前交叉步 6 拍右转 90°左脚后退 7 拍右转 90°右脚向右侧迈步 8 拍左脚前迈

第14个8拍（表7－15）。

表7－15 第14个8拍

14×8拍 （结束2）			
动作说明	步伐	1～4	1～2拍右并步 3～4拍左并步
		5～8	5～6拍右并步 7～8拍左并步
	手臂	1～8	双手握实心拳屈臂作振臂动作 （说明：大臂端平小臂向前用力）
	手型		1～8拍实心拳
	面向		1点

第15个8拍（表7－16）。

表7－16 第15个8拍

15×8拍 （结束3）	

续表

<table>
<tr><td rowspan="6">动作说明</td><td rowspan="2">步伐</td><td>1～4</td><td>1 拍右脚向右迈</td></tr>
<tr><td>5～8</td><td>2～8 拍保持不动</td></tr>
<tr><td rowspan="2">手臂</td><td>哒拍</td><td>拳心朝自己贴在背后腰部位置
（注：哒拍位于上一个八拍结束与这一八拍开始前）</td></tr>
<tr><td>1～8</td><td>直臂从身体两侧缓慢上举
（说明：第 8 拍到位，中途连续不停顿）</td></tr>
<tr><td colspan="2">手型</td><td>哒拍实心拳
1～8 拍并掌，掌心朝上</td></tr>
<tr><td colspan="2">面向</td><td>1 点</td></tr>
</table>

第 16 个 8 拍（表 7－17）。

表 7－17　第 16 个 8 拍

<table>
<tr><td colspan="3">16×8 拍
（结束 4）</td><td></td></tr>
<tr><td rowspan="6">动作说明</td><td rowspan="2">步伐</td><td>1～4</td><td>1～2 拍右并步
3～4 拍左并步</td></tr>
<tr><td>5～8</td><td>5～6 拍右并步
7～8 拍左并步</td></tr>
<tr><td rowspan="2">手臂</td><td>1～4</td><td>1 拍屈臂成侧平举（大臂与小臂呈 90°夹角）
2 拍双手头顶击掌
3 拍屈臂成侧平举（大臂与小臂呈 90°夹角）
4 拍双手头顶击掌</td></tr>
<tr><td>5～8</td><td>5 拍屈臂成侧平举（大臂与小臂呈 90°夹角）
6 拍双手头顶击掌
7 拍屈臂成侧平举（大臂与小臂呈 90°夹角）
8 拍双手头顶击掌</td></tr>
<tr><td colspan="2">手型</td><td>1、3、5、7 拍实心拳
2、4、6、8 拍并掌</td></tr>
<tr><td colspan="2">面向</td><td>1 点</td></tr>
</table>

三、健身健美操训练法

（一）练习目的

练习目的主要以增强体质、提高健康水平、塑造良好体型为主，适用于各个年龄段和社会群体。

（二）训练特点

动作设计较为基础和简单，易于学习和跟随，强调全身肌肉的均衡锻炼，节奏适中，持续时间较长，通常会结合有氧和力量训练元素来提高身体的耐力、灵活性和肌肉力量。

（三）练习方法

健身健美操作为一种综合性较强的健身运动，其练习方法包括但不限于以下几个方面（表7－18）。

表7－18　健身健美操练习方法

手段	方法
动作组合与衔接	健身健美操通常由一系列连续的动作组成，这些动作不仅包括基础的踏步、跳跃、转体等，还涉及高低起伏的节奏变化和空间移动。踏步动作包括前后踏步、左右踏步等，帮助锻炼下肢力量和心肺耐力；跳跃动作如开合跳、弓步跳等，旨在增强腿部爆发力和协调性；转体动作如腰部转动、全身旋转等，有利于锻炼核心肌群和身体灵活性。动作之间讲究流畅和韵律感，通过精心设计的动作组合与衔接，使得整套操既有锻炼效果又能保持趣味性
上下肢协调配合	上下肢的协调配合是健美操的一大特色，比如在做手臂挥动的同时进行腿部蹬地或跃起，这样的动作既锻炼了四肢的协调性，又提高了身体的平衡能力。上下肢动作的同步训练，不仅可以刺激更多肌肉群参与到运动中，还有助于消耗热量，提升整体的体能水平
力量与柔韧性训练	健身健美操有时会借助器械，如哑铃、水瓶等进行力量训练。使用这些轻便器械可以增强上肢力量，如进行弯举、推举、扩胸等动作，以增肌塑形；同时，器械训练也能够帮助改善肌肉线条，增强肌肉耐力。此外，健美操中也包含许多拉伸和平衡动作，通过这些动作能够提高身体的柔韧性和稳定性
节奏与节拍	健身健美操一般伴随着动感十足的音乐进行，每个动作都需要严格按照音乐节奏执行，这不仅提升了运动的乐趣，也有利于练习者培养良好的节奏感。练习时要按照音乐的节拍进行动作转换，确保动作与音乐融为一体
分阶段与个性化训练	根据练习者的身体状况和健身目标进行分阶段教学和个性化调整。初学者可以从基础动作和较简单的组合开始，随着技能的提高逐渐过渡到更为复杂和高强度的成套动作。同时，可根据个人需求选择不同风格和难度的健美操课程，如低冲击力的有氧操、高强度的燃脂操或专门针对某个部位的塑形操
热身与拉伸	每次练习前后都应做好充分的热身与拉伸活动，热身运动可以帮助激活肌肉，预防运动伤害；拉伸则有助于恢复肌肉弹性，减少肌肉紧张和疼痛，从而确保整个训练过程的安全有效

通过上述多种练习方法的综合运用，健身健美操能够帮助人们在享受运动乐趣的同时，实现增强体质、燃烧脂肪、塑造优美体态、提升心肺功能等多重健身目标。

第二节 竞技健美操

竞技健美操起源于传统的有氧运动，是一项在音乐伴奏下连续展示丰富多样的操化动作为基础的竞技运动。成套动作中的所有动作内容都要完美完成。

在竞技健美操比赛中，运动员需要展现出卓越的柔韧性、力量、协调性和耐力，通过流畅的动作组合和精准的节奏感来诠释音乐主题。成套动作通常会包含健美操的七种基本步伐及其变体，以及多种难度动作，如空翻、转体、抛接、平衡等，同时这些都需要在一定的时间限制内完成。成套动作必须表现出健美操动作类型、风格和难度动作的均衡性。健美操动作的姿态要求是躯干直，呈一直线位置，臂腿动作有力、外形清晰。动作编排要合理利用全部空间、地面以及空中动作。

一、竞技健美操的比赛分类

竞技健美操的主要目的就是“竞赛”，它的比赛形式多样，按照比赛项目可分为男子单人操、女子单人操、混合双人操、三人操、五人操以及有氧踏板和有氧舞蹈等，还可以根据比赛的规模、参赛年龄等进行不同的分类。世界级别的竞技健美操赛事包括由国际体操联合会（FIG）主办的世界健美操锦标赛，这项赛事每两年（偶数年）举行一次（表7－19）。

表7－19 FIG 竞技健美操 <赛事一览>

	分类	项目	年龄
FIG 官方赛事	成年组 世界锦标赛	男子单人操（IM）	18
		女子单人操（IW）	
		混合双人操（MP）	
		三人操（TR）	
		五人操（GR）	
		有氧舞蹈（AD）	
		有氧踏板（AS）	

续表

	分类	项目	年龄
FIG 官方赛事	国际年龄组比赛（青年组）	男子单人操（IM）	15～17
		女子单人操（IW）	
		混合双人操（MP）	
		三人操（TR）	
		五人操（GR）	
		有氧舞蹈（AD）	
	国际年龄组比赛（少年组）	男子单人操（IM）	12～14
		女子单人操（IW）	
		混合双人操（MP）	
		三人操（TR）	
		五人操（GR）	
		有氧舞蹈（AD）	
国家赛事	国家预备组	男子单人操（IM）	9～11
		女子单人操（IW）	
		混合双人操（MP）	
		三人操（TR）	
		五人操（GR）	

二、竞技健美操自编套路

下面给大家介绍的这套自编竞技健美操总长度为 24 个 8 拍，其动作强度与难度适中。

第 1 个 8 拍（表 7－20）。

表 7－20　第 1 个 8 拍

1×8 拍	1～4 拍开始造型 5～8 拍下地链接

第 2 个 8 拍（表 7－21）。

表 7－21　第 2 个 8 拍

2×8 拍	提臂腾起
说明	1～4 难度（提臂腾起） 5～8 起身链接

第 3 个 8 拍（表 7－22）。

表 7－22 第 3 个 8 拍

3×4 拍	
说明	1～8 拍第一节操化

第 4 个 8 拍（表 7－23）。

表 7－23 第 4 个 8 拍

4×8 拍	
说明	1～8 拍第二节操化

第5个8拍（表7－24）。

表7－24　第5个8拍

5×8拍	
说明	1～8拍第三节操化

第6个8拍（表7－25）。

表7－25　第6个8拍

6×8拍	屈体分腿跳
说明	1～8拍难度（屈体分腿跳成俯撑）

第7个8拍（表7－26）。

表7－26　第7个8拍

7×8拍	1～8拍起身链接

第8个8拍（表7－27）。

表7－27　第8个8拍

8×8拍	上步侧手翻
说明	1～8拍技巧动作（上步侧手翻）

第 9 个 8 拍（表 7－28）。

表 7－28　第 9 个 8 拍

9×8 拍	
说明	1～8 拍第四节操化

第 10 个 8 拍（表 7－29）。

表 7－29　第 10 个 8 拍

10×8 拍	直体跳转 360°
说明	1～8 拍难度（直体跳转 360°）

第 11 个 8 拍（表 7－30）。

表 7－30　第 11 个 8 拍

11×8 拍	单足转体 360°
说明	1～8 拍难度（单足转体 360°）

第12个8拍（表7-31）。

表7-31　第12个8拍

12×8拍	
说明	1～8拍第五节操化

第13个8拍（表7-32）。

表7-32　第13个8拍

13×8拍	水平控腿立转
说明	1～8拍难度（水平控腿立转360°）

第14个8拍（表7-33）。

表7-33　第14个8拍

14×8拍	

续表

说明	1～8 拍第六节操化

第 15 个 8 拍（表 7－34）。

表 7－34　第 15 个 8 拍

15×8 拍	1～8 拍下地链接

第 16 个 8 拍（表 7－35）。

表 7－35　第 16 个 8 拍

16×8 拍	俯卧撑
说明	1～8 拍难度（文森俯卧撑）

第 17 个 8 拍（表 7－36）。

表 7－36　第 17 个 8 拍

17×8 拍	直升飞机
说明	1～8 拍难度（直升飞机转体 360°成俯撑）

第 18 个 8 拍（表 7－37）。

表 7－37　第 18 个 8 拍

18×8 拍	1～8 拍起身链接

第 19 个 8 拍（表 7－38）。

表 7－38　第 19 个 8 拍

19×8 拍 自由倒地	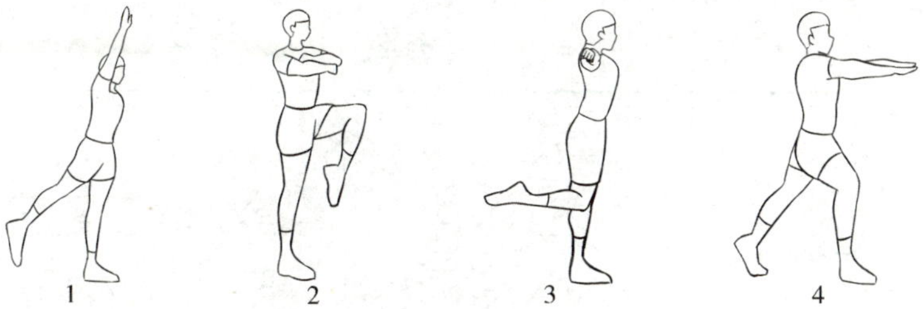
说明	1～4 拍第七节操化 5～8 拍难度（自由倒地）

第20个8拍（表7-39）。

表7-39 第20个8拍

20×8拍	1~8拍起身链接

第21个8拍（表7-40）。

表7-40 第21个8拍

21×8拍	
说明	1~8拍第八节操化

第22个8拍（表7-41）。

表7-41 第22个8拍

22×8拍	团身跳
说明	1~8拍难度（转体360°团身跳）

第23个8拍（表7-42）。

表7-42 第23个8拍

23×8拍	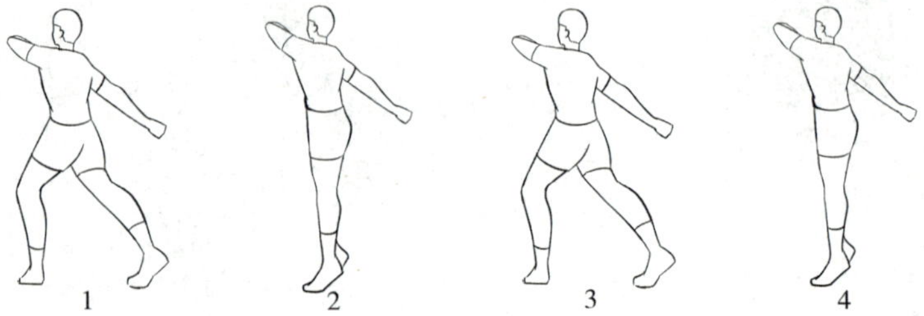

续表

23×8 拍	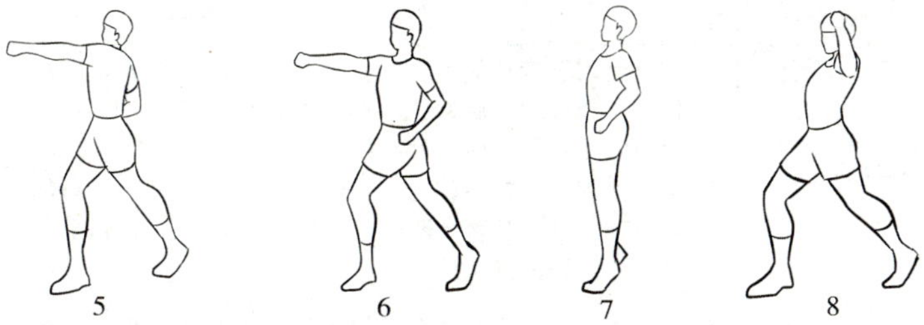
	1～8 拍第九节操化

第 24 个 8 拍（表 7－43）。

表 7－43 第 24 个 8 拍

24×8 拍	
说明	1～4 拍第十节操化 5～8 拍结束造型

三、竞技健美操训练法

（一）练习目的

练习专为竞技比赛设计，追求高难度技巧和艺术表现力，注重运动员的专业技术和体能极限挑战。

（二）训练特点

注重通过技术训练和表演训练来提高动作的难度和精准度。往往动作难度大，包含复杂的跳跃、转体、翻腾、托举等高难技巧，同时要求动作准确无误，节奏快速且变化多样。通常要求练习者具备较高的柔韧性和协调性，能够完成各种复杂的动作组合和转换。此外，竞技健美操还注重表现力和舞台感，让练习者能够在比赛中展现自己的风采和魅力。

（三）练习方法

竞技健美操作为一项体育竞技项目，其练习方法相较于健身健美操更加专业化和精细化，主要包括以下几方面（表 7－44）。

表 7－44　竞技健美操练习方法

手段	方法
基础技术训练	1. 把杆练习：竞技健美操的基础训练阶段，会大量采用把杆练习，包括站姿、蹲姿、擦地、小踢腿、屈伸、弹腿、压腿、搬腿、控腿等动作，这些训练有助于加强腿部力量、柔韧性和肌肉控制能力，同时也是后续空中的高难度动作的基础 2. 把下练习：包括各种定位练习，如平衡姿态、跳跃动作的起始和结束姿势，以及小跳练习，如单足跳、跨步跳等。这类训练旨在提高运动员在无固定支持下的稳定性和空中动作的准确性
专项技术训练	1. 高难度动作学习与掌握：如 A 组——地面难度的提臀腾起、分切、直角支撑、直升飞机等。B 组——空中难度的给纳、旋子、剪式变身跳等。C 组——站立难度的单足转体、水平控腿转体、劈腿、依柳辛等。每个动作都需要经过分解教学、慢速练习、逐步加速的过程，确保动作规范并安全 2. 动作连接与过渡：竞技健美操中特别重视动作间的流畅性和创新性，可以在教练的指导下学习将单个动作无缝连接，并通过合理的过渡动作形成独特的动作串，这对于提高比赛的艺术性和得分至关重要
体能与力量训练	1. 快速力量和爆发力训练：包括短跑、冲刺、跳跃、重量训练等，以提高运动员在短时间内完成高难度动作的能力 2. 耐力与速度耐力训练：通过间歇训练、循环训练等方式，提高运动员在长时间内保持高水平运动状态的能力 3. 核心与稳定性训练：通过普拉提、瑜伽、平衡板等练习，强化核心肌群，提高动作完成时的稳定性
音乐与节奏感知	舞蹈元素训练：竞技健美操中融合了多种舞蹈风格，运动员需进行现代舞、拉丁舞、爵士舞、牛仔舞等舞蹈的专项训练，以提升在音乐节奏下的动作表现力和艺术感染力
心理与战术训练	1. 心理辅导：竞技健美操对运动员的心理素质要求很高，通过心理调控、抗压能力、比赛策略等方面的训练，提高运动员的心理素质 2. 成套动作编排与演练：运动员需要不断熟悉和适应自己参与比赛的成套动作，反复练习，直至能够在规定时间内精确无误地完成全套动作，并在比赛中发挥出最佳水平
恢复与营养管理	1. 运动恢复措施：包括冷热敷、按摩、拉伸、放松训练等，确保在高强度训练后得到充分恢复，减少运动损伤风险 2. 营养与饮食计划：制订科学的营养摄入方案，确保在训练和比赛期间能量充足、营养平衡，以维持良好的体能状态

总的来说，竞技健美操的练习方法是一个系统化、科学化的过程，不仅要提升运动员的体能、技术和艺术表现，还要关注其心理状态和恢复机制，确保运动员能在赛场上展现出最佳的竞技水平。

第三节　表演健美操

表演健美操是一种以表演为目的的运动，主要通过舞蹈动作和音乐表现等方式，展现身体的美感和艺术性。根据表演的目的提前编创和排练成套健美操，它注重的是运动员的表现力和创意性，适合广大人群，并且在各种演出场合和比赛中都有应用，可以在舞台、电视节目、商业活动等场所进行。

一、表演健美操的分类

表演健美操的分类如下（表 7－45）。

表 7－45　表演健美操的分类

分类方法	具体内容
按参与人数划分	1. 单人表演操：由一名表演者完成的健美操表演，强调个人技巧与表现力 2. 双人或混双表演操：由两名表演者（可以是同性或异性）共同完成，注重两人之间的默契与配合 3. 团体表演操：三人以上组成团队进行表演，人数不等，可以是三人、六人或者更多，强调团队协作、队形变换和集体动作的整齐度
按表演场合或目的划分	1. 舞台表演操：专为剧场、晚会等舞台表演设计，通常融合了戏剧性元素，追求视觉冲击力和艺术效果 2. 展览或庆典表演操：在展览会、庆典活动中的表演，更注重娱乐性和互动性，可能包含特定主题的编排 3. 学校或社区活动表演操：适合校园文化节、社区聚会等非专业场合，偏重参与性和教育意义
按内容与风格划分	1. 风格化表演操：融入特定舞蹈风格的健美操，如爵士舞、街舞、民族舞等，体现不同文化或舞蹈特色 2. 道具表演操：使用各种轻器械作为表演元素，如花环、旗子、彩带等，增强表演的视觉效果 3. 主题表演操：围绕特定主题（如节日、环保、历史事件等）编排的健美操，通过动作和故事讲述传达信息
按年龄或特定群体划分	1. 青少年表演操：针对青少年群体设计，动作可能更富有活力和挑战性 2. 中老年表演操：考虑到中老年人的身体条件，动作设计较为温和，注重健身和康复效果

二、表演健美操的自编套路

下面给大家介绍的这套啦啦操，是手持啦啦操队经典道具——花球（pom-poms）的舞蹈啦啦操，全套动作共 16 个 8 拍。动作强度适中、难度适中。

（一）组合一（4×8 拍）

第 1 个 8 拍（表 7－46）。

表 7－46　第 1 个 8 拍

1×8 拍	 1~3　4　5~7　8

续表

动作说明	步伐	1～4	1～4 拍双脚踏步
		5～8	5～8 拍双脚踏步
	手位	1～4	1～3 拍成上 V 4 拍成加油
		5～8	5～7 拍成下 V 8 拍成加油
	说明		右脚开始的踏步
	面向		1 点

第 2 个 8 拍（表 7－47）。

表 7－47　第 2 个 8 拍

2×8 拍			
动作说明	步伐	1～4	1～2 拍双腿跳开成半蹲 3 拍双腿直立 4 拍成半蹲位
		5～8	5 拍并脚跳 6～8 拍双腿直立
	手位	1～4	1 拍成左弓箭 2 拍成右弓箭 3 拍左臂屈臂成小 H 4 拍右臂屈臂成小 H
		5～8	5～6 拍成上 A 7～8 拍成下 A
	说明		1～2 拍屈膝半蹲时膝盖外展
	面向		1 点

第 3 个 8 拍（表 7－48）。

表 7－48　第 3 个 8 拍

3×8 拍			
动作说明	步伐	1～4	1 拍右脚向右一步 2 拍右转 180°，左脚向左侧迈步 3 拍右转 180°，右脚向右侧迈步 4 拍左脚并右脚
		5～8	5～8 拍 X 跳（落地屈膝缓冲）
	手位	1～4	1 拍成大 T 2～3 拍成小 T 4 拍成上 V
		5～8	5～6 拍成上 V 7～8 拍成下 H
	说明		5～8 拍双臂从上 V 至体前交叉滑落回到上 V
	面向		1 拍 1 点 2 拍 5 点 3～8 拍 1 点

第 4 个 8 拍（表 7－49）。

表 7－49　第 4 个 8 拍

4×8 拍			
动作说明	步伐	1～4	1～4 拍 2 点钟方向左脚后撤一步
		5～8	5～6 拍右转一周，左脚并右脚 7～8 拍保持不动
	手位	1～4	1～4 拍双臂成提桶式
		5～8	5～8 拍双臂屈肘置于头后
	说明		5～8 拍双手置于头后；旋转一周回到 1 点
	面向		1～4 拍 2 点

（二）组合二（4×8 拍）

第 5 个 8 拍（表 7－50）。

表 7－50　第 5 个 8 拍

5×8 拍			
动作说明	步伐	1～4	1～3 拍双脚踏步 4 拍并脚
		5～8	5～6 拍右脚前点 7～8 并脚
	手位	1～4	1～3 拍成前 X 4 拍成加油
		5～8	5～6 拍成上 V 7～8 拍手从两侧下落成下 H
	说明		1～3 拍右脚开始的踏步 5～6 拍脚尖点地，顶右胯 7～8 拍手从两侧下落成下 H
	面向		1～4 拍 1 点 5～6 拍 8 点 7～8 拍 1 点

第 6 个 8 拍（表 7－51）。

表 7－51　第 6 个 8 拍

6×8 拍	

续表

动作说明	步伐	1~4	1~2 拍右弓步跳 3~4 拍左弓步跳
		5~8	5~7 拍右脚后撤一步 8 拍右脚并左脚
	手位	1~4	1 拍左臂前举从右侧平划至左侧 2 拍成加油 3 拍右臂前举从左侧平划至右侧 4 拍成加油
		5~8	5~6 拍双臂成提桶式 哒拍双臂屈肘成小 T 7 拍成提桶式 8 拍成加油手位
	说明		1 拍左臂前举从 2 点钟方向平划至 7 点钟方向 3 拍右臂前举从 8 点钟方向平划至 3 点钟方向
	面向		1~4 拍 1 点 5~7 拍 2 点 8 拍 1 点

第 7 个 8 拍（表 7-52）。

表 7-52　第 7 个 8 拍

7×8 拍			（图示见上）
动作说明	步伐	1~4	1~4 拍双脚踏步
		5~8	5 拍右脚后撤一步 6 拍左脚并右脚 7~8 拍双脚跳开成分腿站立
	手位	1~4	1~4 拍成上 W
		5~8	5 拍成持烛式 6 拍双臂从体前下落成下 H 7~8 拍成高冲拳
	说明		1~4 拍右脚开始的踏步，上 W 手位时左后转动花球 7~8 拍右臂成高冲拳
	面向		1 点

第8个8拍（表7－53）。

表7－53 第8个8拍

<table>
<tr><td colspan="3">8×8拍</td><td></td></tr>
<tr><td rowspan="5">动作说明</td><td rowspan="2">步伐</td><td>1～4</td><td>1～2拍右并步
3～4拍左并步</td></tr>
<tr><td>5～8</td><td>5拍右脚2点钟方向迈步
6拍左脚8点钟方向迈步
7～8拍并脚跳</td></tr>
<tr><td rowspan="2">手位</td><td>1～4</td><td>1～4拍成上W</td></tr>
<tr><td>5～8</td><td>5～6拍成下X
7～8拍成加油</td></tr>
<tr><td colspan="2">说明</td><td>1～4拍成上W手位的同时双臂振臂
5～6拍先落左手，再落右手</td></tr>
<tr><td></td><td colspan="2">面向</td><td>1点</td></tr>
</table>

（三）组合三（4×8拍）

第9个8拍（表7－54）。

表7－54 第9个8拍

<table>
<tr><td>9×8拍</td><td></td></tr>
</table>

续表

动作说明	步伐	1 ~ 4	1 拍左腿向左侧屈膝点地 2 ~ 4 拍保持不动
		5 ~ 8	5 拍右脚后交叉 6 拍左脚向左侧迈步 7 拍右脚并左脚 8 拍双腿直立
	手位	1 ~ 4	1 ~ 4 拍成左臂成下冲拳
		5 ~ 8	5 拍成小 T 手位 6 拍成大 T 手位 7 拍成 O 手位 8 拍成加油手位
	说明		1 拍左腿屈膝外开，脚尖点地 7 拍并脚时右脚脚尖点地
	面向		1 点

第 10 个 8 拍（表 7 – 55）。

表 7 – 55　第 10 个 8 拍

10 × 8 拍			
动作说明	步伐	1 ~ 4	1 拍左腿向左侧迈步，右腿屈膝点地 2 ~ 4 拍保持不动
		5 ~ 8	5 拍右脚屈膝前迈成弓步 6 ~ 8 拍保持不动
	手位	1 ~ 4	1 ~ 2 双手相对置于左胯 3 ~ 4 拍成左上 L 手位
		5 ~ 8	5 ~ 6 拍成加油手位 7 拍成下 V 哒拍成加油 8 拍成下 V
	说明		1 拍右脚脚尖点地，双手相对置于左胯
	面向		1 点

第 11 个 8 拍（表 7－56）。

表 7－56　第 11 个 8 拍

11×8 拍			
动作说明	步伐	1～4	1～4 双脚踏步
		5～8	5～8 双脚踏步
	手位	1～4	1 拍成左上斜线 2 拍成右上斜线 3 拍成下 H 4 拍成持烛式
		5～8	5～6 拍成下 M 7～8 拍成加油
	说明		1～8 拍右脚开始的踏步 7 拍花球拍打一次 8 拍花球拍打一次
	面向		1 点

第 12 个 8 拍（表 7－57）。

表 7－57　第 12 个 8 拍

12×8 拍	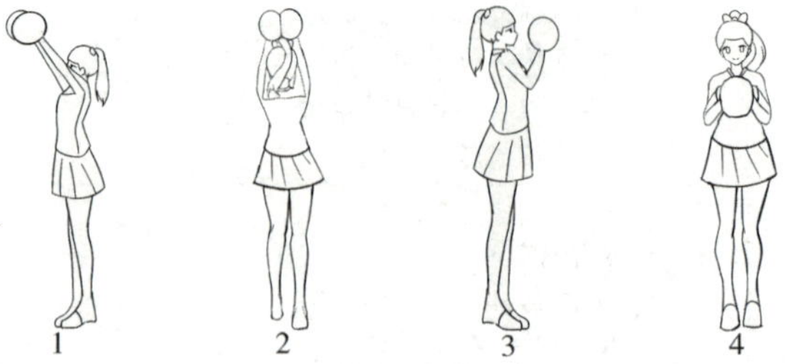

续表

动作说明	步伐	1～4	1～4 拍右转 360 度，双脚踏步
		5～8	5 拍左脚向左侧迈步，双脚开立 6～8 保持不动
	手位	1～4	1～2 拍成上 A 3～4 拍成加油
		5～8	5 拍成左手成侧上冲拳，右手成小 T 6 拍双手交换 7 拍成左手成侧下冲拳，右手成下 M 8 双手交换
	说明		1～4 拍右脚开始的踏步，同时手搓花球 5～8 拍左右依次摆胯
	面向		1 拍面向 3 点钟方向 2 拍面向 5 点钟方向 3 拍面向 7 点钟方向 4～8 拍面向 1 点钟方向

（四）组合四（4×8 拍）

第 13 个 8 拍（表 7－58）。

表 7－58　第 13 个 8 拍

13×8 拍	

续表

动作说明	步伐	1～4	1～2 拍右腿屈膝跪地 3～4 拍左腿屈膝跪地
		5～8	5～6 拍右腿向右侧伸直 7 拍右腿屈膝前迈 8 拍双腿站立
	手位	1～4	1～2 拍成加油 3～4 拍成下 V
		5～8	5～6 拍成右高冲拳 7 拍成下 M 8 拍成加油
	说明		5～6 拍左手支撑地面，右手做高冲拳手位，右脚脚尖点地
	面向		1 点

第 14 个 8 拍（表 7－59）。

表 7－59　第 14 个 8 拍

14×8 拍			
动作说明	步伐	1～4	1～2 拍并腿站立 3 拍两腿跳开成分腿站立 4 拍两腿跳回成并腿站立
		5～8	5 拍双腿屈膝同时左脚向前迈步 6 拍左脚收回 7 拍双腿屈膝同时右脚向前迈步 8 拍右脚收回
	手位	1～4	1～2 拍成加油 3 拍成上 V 4 拍手臂从两侧下落成下 H
		5～8	5 拍成上 V 6 拍成加油 7 拍成下 V 8 拍成加油
	说明		4 拍手臂从两侧落下贴于体侧
	面向		1 点

第 15 个 8 拍（表 7－60）。

表 7－60 第 15 个 8 拍

15×8 拍			
动作说明	步伐	1～4	1～4 拍双脚踏步
		5～8	5 拍右腿屈膝上步 6～7 拍左腿吸腿转体一周 8 拍双腿同时跳开
	手位	1～4	1～4 拍成右侧 K
		5～8	5 拍右手侧平举，左手前平举 6～7 拍成小 T 8 拍成下 V
	说明		1～4 拍右脚开始的双脚踏步 6～7 拍左转一周 8 拍落地屈膝缓冲，膝盖外展
	面向		1～5 拍为 1 点 8 拍为 1 点

第 16 个 8 拍（表 7－61）。

表 7－61 第 16 个 8 拍

16×8 拍	

续表

动作说明	步伐	1～4	1 拍分腿直腿站立 2 拍屈膝半蹲 3 拍分腿直腿站立 4 拍屈膝半蹲
		5～8	5～6 拍两腿跳回成并腿站立 7～8 拍双腿屈膝跪地
	手位	1～4	1 拍成右斜上冲拳 2 拍右手由上向下压，扶左膝 3 拍成左斜上冲拳 4 拍左手由上向下压，扶右膝
		5～8	5～6 拍成下 V 7 拍成加油 8 拍成下 V
	说明		2 拍身体左转前俯身 4 拍身体右转前俯身 7～8 重心前移成屈膝跪地
	面向		1 点

三、表演健美操训练法

（一）练习目的

练习以展示和演绎为目的，侧重于舞台表演效果，需要展现良好的艺术性和观赏性，同时也具有较高的健身价值。

（二）训练特点

通常要求练习者具备良好的形体美和舞台表现力，动作编排富有创意和故事性，能够通过动作和表情来传达情感和故事。这要求表演者具备优秀的舞蹈基础和高度的团队协作能力，动作衔接流畅，表情及情感表达丰富。

（三）练习方法

表演健美操是一种结合了艺术性、观赏性和健身性的体育表演项目，其练习方法融汇了基本的健美操动作、舞蹈技艺、音乐感知和舞台表现力训练，具体可以细分为以下几个方面（表 7－62）。

表 7－62　表演健美操练习方法

手段	方法
基础动作训练	要求运动员掌握扎实的健美操基本功，包括但不限于地面基础动作、跳跃、转体、平衡等技术环节，通过不断地重复练习和纠正，确保动作的标准性和流畅度
舞蹈元素融入	将现代舞、民族舞、芭蕾舞、街舞等各种舞蹈风格的动作和步伐巧妙地融入健美操中，通过舞蹈训练提高运动员的身体柔韧性、协调性和节奏感，使表演更具观赏性和艺术魅力

续表

手段	方法
动作编排与创新	根据音乐节奏和主题内容，精心设计和编排一套具有故事性和独特风格的动作序列，动作之间既要保持连贯性和逻辑性，又要展现出个性化的艺术创新
音乐理解与配合	通过深入理解和感受所配乐曲的情感和节奏变化，使每个动作都要精准地落在音乐的节拍上，甚至细微的表情和手势也要与音乐情绪相呼应
队形变换与配合	在多人表演时，队伍间的默契配合至关重要，通过频繁的队形变换来增加视觉效果，练习时要着重培养队员之间的空间意识和协同配合能力
舞台表现力培养	强调面部表情、眼神交流和肢体语言的运用，通过戏剧性动作、情景模拟等方式提升运动员的舞台表现力，使其在表演过程中能够生动传神地传达情感和故事情节
身心素质训练	包括力量、耐力、柔韧度、敏捷性等身体素质的全面锻炼，同时辅以心理素质训练，如克服舞台恐惧、增强自信、培养竞争心态等
彩排与实际表演实践	不断地进行实地彩排和模拟表演，通过灯光、服装、化妆等多维度的实际演练，检验和改进表演效果，积累临场经验，确保在正式表演时能游刃有余地展示高质量的健美操表演作品

综上所述，表演健美操的练习方法不仅关注技术层面的打磨，更注重艺术表现力的全面提升，通过综合性的训练手段，将健美操提升为集健身、艺术、娱乐于一体的表演艺术形式。

课后习题

1. 举例说明健美操中的上下肢协调配合动作对锻炼效果的影响。
2. 简述竞技健美操的训练特点。
3. 试分析表演健美操在乡村振兴文化传播中能起到的作用。

第八章　健美操运动的专项素质练习方法

章前导言

在竞技体育的广阔舞台中，健美操以其独特的魅力成为展现运动员体能与艺术美感的璀璨明珠。这项集力量、速度、协调、柔韧与耐力于一体的运动，不仅仅是外在形态的展示，更是内在意志与毅力的深刻体现。本章不仅是一份科学的训练指南，更是一部关于意志与毅力的赞歌。在健美操运动员追求卓越的过程中，每一个专项素质的提升，都是对内心力量的深度挖掘与强化。正是这份不屈不挠的意志力与毅力，让他们跨越重重难关，突破自我极限，最终在舞台上绽放光芒，成就了健美操运动独有的风采与魅力。

学前思索

1. 谈谈你从竞技健美操中学到的体育精神。

2. 身体素质决定动作难度的高低，你如何看待两者之间的关系？

3. 在健美操运动的专项素质训练中，如何有效锻炼意志力和对挑战的适应能力？

第一节　健美操运动的力量素质练习

一、力量素质训练法

健美操的力量素质练习主要关注运动员在完成复杂、快速、节奏性强的动作时所需的力量表现。力量素质训练的分类通常包括基础力量训练和专项力量训练，前者旨在全面发展身体各部位的基础力量，后者则针对健美操运动特有的动作模式和技能需求进行针对性训练。以下是健美操力量素质训练的分类及其相应的方法。

（一）基础力量训练

1. 负重抗阻力练习

（1）自由重量训练　使用哑铃、杠铃进行深蹲、硬拉、卧推、肩推等复合动作，以增强全身主要肌群的力量。

（2）固定器械训练　利用史密斯机、腿举机、拉力器等设备进行孤立或半孤立动作训练，针对特定肌肉群进行精细化力量提升。

（3）自身体重训练　如引体向上、倒立推撑、桥式挺身等，利用自身重量作为阻力，提高力量与灵活性。

2. 对抗性练习

（1）伙伴配对训练　进行双人推、拉、顶等对抗性游戏，提升肌肉间的协同工作能力，同时提高力量反应速度。

（2）弹力带或阻力绳对抗　利用弹性器材进行对抗性拉伸，模拟健美操中需要快速爆发力的动作。

3. 核心力量训练

（1）徒手核心稳定性训练　如平板支撑、侧平板支撑、鸟狗式等静态保持动作，增强腹部、腰部及髋部深层肌肉的稳定性。

（2）动态核心力量训练　如仰卧起坐、俄罗斯转体、V 字两头起等，训练核心肌群的爆发力和耐力。

（二）专项力量训练

1. 速度力量训练

（1）爆发力训练　短距离冲刺、跳跃、快速抛接球等，提升在短时间内产生最大力量的能力。

（2）技巧性动作的快速重复　如连续跳跃、踢腿、转身等，模拟健美操中快速变换方向和动作的速度要求。

2. 功能性力量训练

（1）模拟健美操动作的力量训练　如进行跳跃、转体、平衡等动作的慢速分解练习，逐渐增加速度和幅度，使力量训练与实际动作紧密关联。

（2）舞蹈元素融入的力量练习　如将芭蕾舞的 plié（深蹲）、tendu（擦地）、jete（小跳）等动作与力量训练相结合，既提升力量又培养艺术表现力。

3. 局部力量与耐力训练

（1）针对性肌群强化　如针对手臂、腿部、躯干等进行专项器械或自重训练，以改善薄弱环节或增强特定动作的表现。

（2）耐力循环训练　设计包含多个健美操动作元素的循环训练，每个动作维持一定次数或时间，提高在持续运动中保持力量输出的能力。

知识链接

认识孤立训练和复合训练

孤立训练动作是一种针对单个肌肉进行的训练，它重点瞄准某个特定的肌肉，以帮助增强和塑造该肌肉。此类训练通过使用自由重量、机械练习、体重练习和其他设备，强制肌肉产生与平衡和稳定性无关的单一运动，使它们在一个特定的关节上进行收缩，并为该区域加入额外的负荷和压力。此类动作通常包括弯曲、屈曲、推举或拉直臂等动作，可以帮助迅速增加某个肌肉的力量和体积，而且还可以协助建立肌肉与神经的联系，提高身体的协调性和稳定性。

复合训练动作是指能够同时锻炼多个身体肌肉群的一种训练动作。常见的复合训练动作包括深蹲、卧推和引体向上等。相对于单一肌肉群训练的动作，复合训练动作能够提高训练效率，节省时间。此外，复合训练动作还可以训练多个肌肉群配合工作的能力，有利于提高身体的功能性表现和实际运用能力。

二、训练安排

力量素质训练流程的安排应系统、科学且具有针对性，确保全面、有效地提升力量水平。以下是一个典型的力量素质训练流程安排示例（表8－1）。

表8－1 力量素质训练流程案例

顺序	时间	训练内容
热身与激活	10至15分钟	**1. 全身动态拉伸** 进行一系列关节环绕、摆臂、踢腿、弓步走等动作，提升体温，增加关节活动范围，唤醒肌肉 **2. 功能性激活** 针对即将训练的主要肌群进行针对性激活，如进行弹力带行走、单腿平衡、猫牛式等动作，激活核心稳定肌群，或进行肩袖旋转、肩桥等动作，激活肩部及上背部肌群 **3. 神经肌肉激活** 进行几组轻重量（为正式训练重量的30%～50%）的复合动作，如深蹲、硬拉、卧推等，帮助神经系统适应即将进行的大重量训练
主训练	50至60分钟	**1. 基础力量训练（约30分钟）** （1）大肌群复合动作：选取2～3个复合动作（如深蹲、硬拉、卧推、推举等），每组3～5次，进行3～4组，组间休息2～3分钟。使用80%～90%1RM（一次最大重复重量）的负荷，重点发展绝对力量 （2）辅助肌群孤立动作：针对薄弱部位或需要细化塑造的肌群，选择1～2个孤立动作（如腿弯举、飞鸟、绳索下压等），每组8～12次，进行2～3组，组间休息60～90秒。使用60%～75%1RM的负荷，重点发展肌肥大和肌肉耐力 **2. 专项力量训练（15～30分钟）** （1）速度力量训练：进行1～2种爆发力练习（如跳箱、medicine ball throws、plyometrics等），每组3～6次，进行3～4组，组间休息2～3分钟。 （2）功能性力量训练：模拟运动专项动作进行力量训练，如健美操中单双脚起跳动作，每组6～10次，进行2～3组，组间休息60～90秒 **3. 核心与柔韧性训练** （1）核心稳定性训练：进行平板支撑、侧平板支撑、鸟狗式等核心稳定性练习，每组保持30～60秒，进行2～3组 （2）柔韧性训练：针对主要训练肌群进行静态拉伸，每个动作保持15～30秒，进行2～3组

续表

顺序	时间	训练内容
冷却与恢复	5至10分钟	**1. 轻松有氧运动** 如慢跑或快走，帮助心率逐渐下降，促进血液循环，加速代谢废物排出 **2. 深度放松** 进行深呼吸、自我筋膜放松（使用泡沫轴、按摩球等工具）或简单瑜伽放松体式，有助于身心放松，促进恢复

三、注意事项

（一）渐进负荷原则

力量训练应遵循由易到难、由轻到重、由低强度到高强度的原则，逐步增加训练负荷，避免过度训练或因负荷过大导致的伤病。

（二）以动力性为主

力量训练应以动力性练习为主，强调爆发力和速度，确保在保持动作技术准确的前提下，尽量快速地完成动作，从而培养肌肉快速收缩和放松的能力，以适应健美操快速变化的动作特点。

（三）针对性训练

根据健美操的特点，力量训练应全面且有针对性，注重发展上肢（肩带肌、肱二头肌、肱三头肌、胸大肌）、腰腹核心肌群以及下肢（腿部肌肉，特别是股四头肌、股二头肌、小腿肌群）的力量。

（四）平衡发展

力量训练不仅要关注大肌肉群的力量增长，也要注意小肌肉群和稳定肌群的强化，以支持复杂和高难度的技术动作，并维持良好的身体姿态和动作稳定性。在进行力量训练时，通常会先进行大肌群的练习，然后再进行小肌群的练习，以此方式交替进行全身不同部位或不同性质的训练，平衡发展。

（五）掌握呼吸方法

力量练习要掌握正确的呼吸方法，憋气能增加肌肉用力，但对心血管系统会产生不良影响。只有在短时间最大用力时才允许憋气。在完成练习前不应做最大吸气，以中度吸气为宜，用力过程可慢呼吸，以达到憋气的效果。

第二节　健美操运动的速度素质练习

一、速度素质训练法

健美操速度素质训练旨在提高运动员在快速、精确完成复杂动作时所需的速度能力，确保与音乐节奏完美契合。速度素质在健美操中主要包括反应速度、动作速度和位移速度。以下是健美操速度素质训练的分类及其方法。

（一）反应速度训练

1. 信号反应练习　教练给出随机的视觉或听觉信号，运动员立即做出指定动作响应，如听到“左”或看到向左手势时迅速转向左侧。

2. 闪卡游戏　教练出示带有不同动作图示的卡片，运动员需在最短时间内识别并做出相应动作。

3. 互动游戏　如“抢旗”“抓手指”等，通过快速判断和动作反应，提升反应速度和动作敏捷性。

（二）动作速度训练

1. 爆发力练习　进行短距离冲刺、跳跃、快速抛接球等，增强短时间内产生最大力量的能力，如立定跳远、快速俯卧撑、药球投掷等。

2. 动作分解与整合　将复杂的健美操动作拆解成各个部分，分别进行快速、精确的练习，然后逐渐加快整体动作的完成速度。

3. 音乐节奏配合　在不同节奏的音乐背景下进行动作训练，逐渐提高动作与音乐节拍的同步性，如快速踏步、踢腿、转体等。

（三）位移速度训练

1. 敏捷性训练　设置各种障碍路线，如折返跑、锥形桶穿梭、敏捷梯练习等，提升在改变方向和速度时的身体控制能力。

2. 空间定位训练　在场地内设定标记点，要求运动员快速、准确地到达指定位置，训练快速移动和定位能力。

3. 组合动作速度训练　设计包含跳跃、旋转、移动等元素的连贯动作序列，要求运动员在保持动作质量的同时要快速完成。

二、训练安排

健美操速度素质训练流程应兼顾热身激活、专项训练、恢复整理等多个环节，确保运动员在安全、高效的前提下提升速度能力。以下是一个典型的速度素质训练流程示例（表8－2）。

表8－2　速度素质训练流程案例

顺序	时间	训练内容
热身与激活	10至15分钟	**1. 动态拉伸**　通过全身动态拉伸激活肌肉，提高肌肉温度，为接下来的高强度训练做好准备 **2. 敏捷性练习**　如侧滑步、交叉步、快速脚步移动等，增强脚踝和腿部的灵活性与反应速度
主训练	60至70分钟	**1. 基础步伐与技术训练** （1）加速基本步伐：将踏步、开合跳、吸腿跳、弹踢腿、弓步跳、后踢腿、大踢腿等基本步伐以逐渐加快的速度重复练习，注重动作的准确性和连贯性 （2）节奏变化：在音乐的不同节奏下练习步伐，如快节奏下的快速转换和慢节奏下的控制性练习，以提升适应不同速度的能力 **2. 速度爆发力训练** （1）短距离冲刺：进行短距离（如10～20m）的全速冲刺，提高瞬间爆发力 （2）间歇训练：结合短时间高强度练习与短暂休息，如快速完成一套操化动作后短暂休息，再重复，以此来提升速度耐力 **3. 反应速度训练** （1）信号反应练习：教练给出不同的信号（声音、手势），运动员根据信号迅速做出指定动作，提高大脑处理信息和身体执行指令的速度 （2）镜像练习：与伙伴面对面，一方做动作，另一方迅速模仿，提升视觉反应速度和动作复制能力 **4. 综合训练方法** （1）模拟比赛情境：在完整的健美操套路中加入速度挑战环节，如在特定部分要求运动员以最快速度完成动作，或者设置计时赛，鼓励运动员在规定时间内完成整套动作 （2）视频反馈与分析：录制运动员的训练视频，通过回放分析动作速度、节奏感和流畅度，找出需要改进之处，进行针对性训练 （3）间歇训练法：采用高强度短间歇的方式，如Tabata训练（20秒全力运动，10秒休息，反复8组），提升在短暂恢复后再次快速投入运动的能力 **5. 特殊技巧与难度动作训练** （1）难度动作专项训练：针对跳跃、旋转、翻腾等高难度动作进行专门训练，通过分解练习和逐步加速，确保在高速状态下也能准确完成难度动作 （2）力量与爆发力辅助训练：通过跳跃、深蹲、举重等力量训练，增强下肢和核心肌群的力量，为速度训练打下基础
冷却与恢复	5至10分钟	**1. 静态拉伸**　训练结束后进行，帮助肌肉放松，减少肌肉紧张和延迟性肌肉酸痛 **2. 恢复性活动**　轻松的有氧运动如慢跑或散步，以及泡沫轴滚动等自我按摩，促进血液循环，加速恢复过程

三、注意事项

（一）注意训练顺序

由易到难，由慢到快。速度训练应从简单的动作或较低的速度开始，采用阶梯式速度递增的方式，从慢速、中速到全速，随着运动员适应能力的提高，逐渐增加动作复杂度和训练速度。这样可以帮助运动员建立正确的动作模式，逐步提升速度而不至于因一开始就追求高速而导致动作变形或受伤。

（二）合理配速

针对整套健美操动作，也要合理分配各部分动作的速度，使得整个表演张弛有度。

（三）周期性原则

速度训练应遵循周期性原则，结合运动员的训练阶段（如准备期、竞赛期、恢复期等）和体能状态，合理安排训练强度和频率。在竞赛期可适当增加速度训练的比重和强度，而在恢复期则应降低训练强度，以利于身体恢复。

（四）速度障碍的识别与克服

及时发现并解决制约运动员速度提升的因素，比如技术瓶颈、肌肉协调问题、心理障碍等，通过专门的技术指导和心理调适帮助运动员突破速度极限。

（五）注意呼吸控制

速度训练往往需要用更快的呼吸节奏来支持身体的运动，因此要特别注意对呼吸的控制。保持深而均匀的呼吸有助于提供足够的氧气供应，减少疲劳和提高持久力。

第三节　健美操运动的协调素质练习

一、协调素质训练法

健美操协调素质训练旨在提升运动员在完成复杂、连贯、富有韵律的动作时的身体协调能力，确保动作的流畅、精准和艺术表现力。以下是健美操协调素质训练法的分类及其方法。

（一）基础协调性训练

1. 身体部位协调训练

（1）局部协调练习　如手臂与肩部的协调摆动、腿部的交替踢腿、脚踝的灵活转动等，通过单一肢体或关节的独立练习，提高局部动作的协调性。

（2）对称性动作训练　进行左右对称的动作练习，如双臂同时画圈、双腿交替跳跃等，强化两侧肢体之间的同步协调。

2. 身体各部分协同训练

（1）上下肢协调练习　如跳跃过程中同时进行手臂的挥舞、跑步时手臂与腿部的协调摆动等，加强上下肢间的协调配合。

（2）核心与四肢协调　通过核心稳定动作与四肢运动的结合，如平板支撑时进行单臂或单腿抬起，提高核心肌群对四肢动作的稳定支持与协调。

（二）动态协调性训练

1. 节奏感与韵律训练

（1）音乐伴奏练习　跟随不同节奏、风格的音乐进行动作训练，提高动作与音乐节奏的契合度。

（2）节拍器辅助训练　使用节拍器设定固定的节奏，要求运动员在准确的节拍上完成动作，强化节奏感知与控制力。

2. 动作序列与过渡训练

（1）动作连接练习　将多个健美操动作连贯起来，重点训练动作间的过渡与衔接，确保动作转换流畅自然。

（2）复杂组合训练　设计包含多元素（如跳跃、旋转、平衡、波浪等）的组合动作，要求运动员在保证动作质量的同时，快速准确地完成动作序列。

（三）创新与即兴协调训练

1. 即兴创作与模仿

（1）即兴动作创作　让运动员在短时间内根据特定主题或音乐即兴创作动作，锻炼其在短时间内构建协调动作序列的能力。

（2）动作模仿游戏　一人示范动作，其他人快速模仿，锻炼观察、理解、复制他人动作的协调能力。

2. 变化与挑战训练

（1）反向完成动作　练习动作的反向执行，如向后踢腿、反向旋转等，挑战常规动作模式，提升对动作的全方位协调掌控。

（2）随机指令训练　教练随机发出动作指令，运动员需快速反应并准确执行，训练应对未知情况的协调适应能力。

（四）团队与配合协调训练（适用于团体项目）

1. 同步训练

（1）镜像练习　两人面对面站立，一方做动作，另一方模仿，如同照镜子，提高同步动作的协调性。

（2）队列同步训练　多人按队形排列，共同完成同一套动作，要求动作整齐划一，提升集体协调性。

2. 交互配合训练

（1）伙伴配合练习　两人或多人进行配合动作，如传递、接应、托举等，培养默契与协同配合能力。

（2）集体变换阵形训练　在表演过程中进行队形变换，要求队员快速、准确地移动到新位置，保持整体协调性。

二、训练安排

健美操协调素质训练流程应系统、科学且具有针对性，以下是一份详细的训练流程安排建议，旨在逐步提升运动员的协调能力（表 8－3）。

表 8－3　协调素质训练流程案例

顺序	时间	训练内容
热身与准备活动	10至15分钟	**1. 全身关节活动**　进行头部、颈部、肩部、肘部、腕部、腰部、髋部、膝部、踝部等关节的环绕、屈伸、旋转运动，唤醒肌肉，预防运动损伤 **2. 柔韧性拉伸**　针对主要肌群进行静态或动态拉伸，如大腿前侧、后侧、臀部、背部、胸部、手臂等，提高关节活动幅度，为协调动作打下基础 **3. 轻量级有氧运动**　如慢跑、踏步、开合跳等，提升心肺功能，使身体逐渐进入训练状态
主训练	60至90分钟	**1. 基础协调性训练** （1）局部协调练习：分组进行手臂、腿部、脚踝等局部协调动作训练，如手臂波浪、单腿提踵等，每组动作重复 8～12 次，共进行 3～4 组 （2）对称性动作训练：按照音乐节奏进行左右对称动作练习，如双手画圈、双腿开合跳等，持续时间 1～2 分钟，重复 2～3 次 （3）上下肢协调练习：进行跳跃、跑步等动作，强调上下肢的同步配合，每种动作持续 30 秒至 1 分钟，间歇 15 秒，进行 3～4 组 （4）核心与四肢协调：进行平板支撑抬腿、俯卧撑划船等动作，强化核心稳定性与四肢协调能力，每组 10～15 次，共 3 组 **2. 动态协调性训练** （1）节奏感与韵律训练（约 15 分钟） ①音乐伴奏练习：选取不同风格的音乐，从慢节奏逐渐过渡到快节奏，运动员随音乐做基础步伐至复杂动作，约 15 分钟，强化节奏感 ②节拍器辅助训练：设定固定的节拍，运动员在节拍上完成指定动作，如踏步、跳跃等，再设定不同速度的节拍完成指定动作，每个速度下练习 3 分钟，共 5 组 （2）动作序列与过渡训练（约 15 分钟） ①动作连接练习：设计一套由基础到复杂的动作序列，重点训练动作之间的平滑过渡 ②复杂组合训练：练习包含跳跃、旋转、平衡等元素的组合动作，每组动作重复 3 次，注重动作的准确性和流畅性 **3. 创新与即兴协调训练** （1）即兴创作与模仿 ①即兴动作创作：设定主题或音乐片段，每人限时 1～2 分钟自由创作动作，然后进行分享展示 ②动作模仿游戏："你做我学"，一人演示动作，其余人快速模仿，轮流进行，增强动作记忆与即时协调能力 （2）变化与挑战训练 反应速度与应急处理：在表演过程中故意设置"失误"情景，训练队员如何快速调整，保持队形和表演流畅。提高队员在突发状况下的应变能力，强化团队间的相互支持和补位意识

续表

顺序	时间	训练内容
主训练	60至90分钟	**4. 团队与配合协调训练** （1）同步训练 ①音乐节奏与动作匹配：选取不同节奏的音乐，全体队员跟随音乐变换动作和速度，强调音乐与动作的完美融合。提高对音乐的理解和适应能力，确保团队在不同节奏下的协调一致 ②队列同步训练：全体队员按队形排练统一动作，强调动作整齐划一，教练随时纠正偏差 （2）交互配合训练 分组编排队形变化：团队分为小组，设计简单的队形变化，如直线变圆圈、交叉穿行等，要求快速准确地完成变换。锻炼队员的空间感知和快速响应能力，加强团队间的沟通与协作
冷却与恢复	5至10分钟	**1. 深呼吸与放松**　进行深长呼吸，帮助身心放松，降低心率 **2. 静态拉伸**　进行全身主要肌群的深度拉伸，如股四头肌、腘绳肌、胸大肌、背阔肌等，每个动作保持15～30秒

三、注意事项

（一）循序渐进

协调训练需要从简单到复杂逐步增加难度，让身体适应并提高对复杂动作的掌控能力。过快增加难度可能导致动作执行不精准，甚至造成受伤。

（二）乐感培养

健美操动作与音乐紧密相连，培养学员的音乐节奏感知能力至关重要。让学员在听觉引导下准确把握动作的起止点和节奏变化，增强动作与音乐的同步性。

（三）反复练习

协调训练需要不断的反复练习，通过大量的实践来提高身体的感知和控制能力。只有不断地练习，才能使动作变得更加流畅和自然。

（四）身心合一

健美操不仅仅是身体动作的协调，还包括心理与身体的协调统一。鼓励学员在练习过程中体验身体感受，使精神专注并与身体动作完美融合。

（五）合理休息

协调训练可能需要对特定肌肉群进行较长时间的持续性活动，因此要注意合理安排训练和休息时间，以防止过度疲劳和受伤。

第四节　健美操运动的柔韧素质练习

一、柔韧素质训练法

健美操柔韧素质训练法通常分为两大类：主动柔韧性训练和被动柔韧性训练。这两种方法各有特点，适用于不同的训练场景和目标。下面分别详细介绍这两种训练法及其具体方法。

（一）主动柔韧性训练

1. 主动静力性拉伸

（1）静态拉伸　如肩部柔韧性练习中的体前屈折体后伸臂，站立，两手后举相握，上体前屈，同时两臂后上举握住肋木，静力伸展，维持一定时间，逐渐加大肩伸展幅度。

（2）主动拉伸　进行动态关节活动，如肩部、髋部、膝关节的全方位活动，通过肌肉的主动收缩与放松交替，提高关节活动范围。

2. 主动动态拉伸

（1）弹振式拉伸　通过快速、有控制的往复动作，利用肌肉的弹性进行拉伸，如跳跃踢腿、摆臂等。注意保持节奏稳定，避免过度摆动导致受伤。

（2）动态关节活动　如肩关节的绕环、髋关节的开合、膝关节的屈伸等，通过关节的全幅度、有控制的运动，提升关节灵活性。

3. 柔韧性难度动作练习

（1）体操式拉伸　例如桥、劈叉、前/后滚翻、倒立等，这些动作需要较高的柔韧性，通过定期练习，可以显著提高全身尤其是髋部、腿部和脊柱的柔韧性。

（2）舞蹈元素练习　融入芭蕾、现代舞等艺术形式中的拉伸动作，如 plié（深蹲）、battement tendu（擦地）、grand battement（大踢腿）等，有助于提升优雅的柔韧表现力。

（二）被动柔韧性训练

1. 被动静力性拉伸

（1）同伴辅助拉伸　借助同伴帮助进行大腿后侧、髋部、胸部等部位的深度拉伸。

（2）器械辅助拉伸　使用拉伸带、瑜伽砖、泡沫轴等器材，通过固定、牵引或滚动等方式对特定肌群进行深度拉伸。

2. 被动动态拉伸

（1）PNF（proprioceptive neuromuscular facilitation，本体感觉神经肌肉促进）拉伸　包括合同—放松法和收缩—放松法。前者在拉伸到极限后，受拉伸肌群短暂用力对抗拉力，然后放松并再次拉伸；后者先对拮抗肌群进行等长收缩，再放松并拉伸目标肌群。

（2）瑜伽式拉伸　如使用瑜伽体式进行深度拉伸，如鸽子式、三角式、弓式等，这些体式往往结合呼吸控制，通过长时间保持，达到深层放松和被动拉伸的效果。

二、训练安排

健美操柔韧素质训练流程应科学合理，确保运动员在安全的前提下逐步提升柔韧能力。以下是一个典型的柔韧素质训练流程安排（表8－4）。

表8－4　柔韧素质训练流程案例

顺序	时间	训练内容
热身与激活	10至15分钟	**1. 全身动态热身**　进行关节环绕、原地踏步、开合跳、高抬腿等全身性活动，提升体温，唤醒肌肉 **2. 特定部位激活**　针对即将训练的主要肌群进行针对性激活，如肩部绕环、髋关节旋转、膝关节屈伸等，提高关节灵活性 **3. 量级有氧运动**　如慢跑、快走或轻松跳绳，提升心肺功能，使身体尽快进入训练的状态
主训练	45至65分钟	**1. 主动柔韧性训练** （1）主动静力性拉伸 ①静态拉伸：针对大腿后侧、小腿、背部、胸部等主要肌群进行静态拉伸，每个动作保持15～30秒，重复2～3次 ②主动拉伸：如体前屈两臂后上举拉肩，两腿前后开立，两手后举相握，上体前屈，同时两臂由后向前上举，多次重复。这种动态拉伸通过肌肉主动收缩与放松交替，实现柔韧性训练 （2）主动动态拉伸 ①弹振式拉伸：进行跳跃踢腿、摆臂等动作，利用肌肉的弹性进行快速、有控制地往复拉伸 ②柔韧性难度动作练习：进行桥、劈叉、前/后滚翻、倒立等柔韧性较高的动作，逐步加大动作幅度，提升全身柔韧性 **2. 被动柔韧性训练** （1）被动静力性拉伸 ①同伴辅助拉伸：如搭档帮助进行大腿后侧、髋部、胸部等部位的拉伸，一方保持稳定姿势，另一方施加适当压力，每个动作保持15～30秒，重复2～3次 ②器械辅助拉伸：使用拉伸带、瑜伽砖等器材进行深度拉伸，如坐姿腿部拉伸、肩部拉伸等，每个动作保持15～30秒，重复2～3次 （2）被动动态拉伸 ①PNF拉伸：进行合同—放松法或收缩—放松法拉伸，如大腿前侧、后侧、肩部等部位的PNF拉伸，每个动作进行2～3组，每组重复3～5次 ②瑜伽式拉伸：进行瑜伽体式如鸽子式、三角式、弓式等，每个体式保持30秒至1分钟，重复2～3次 **3. 综合柔韧素质训练** （1）柔韧与力量结合：进行一些结合柔韧与力量的训练，如瑜伽中的船式、战士三式等，既锻炼力量，又能提升柔韧性 （2）柔韧与平衡结合：进行单腿平衡、树式等动作，提升在保持平衡状态下柔韧性的表现
冷却与恢复	5至10分钟	**1. 整理活动**　进行轻松的低强度活动，如甩动手臂、转腰、抖动腿部等，以促进血液回流，有助于排除肌肉中的代谢废物 **2. 泡沫轴滚动**　使用泡沫轴在肌肉上轻轻滚动，特别是大腿、小腿、背部和臀部，这能深入地按摩肌肉，释放紧张和促进恢复

三、注意事项

（一）循序渐进，持之以恒

柔韧素质的提高需要时间和耐心，不能急于求成。应按照个人体质和柔韧性基础，逐步增加柔韧练习的幅度、深度和时间，避免使用强制性拉伸的方式，容易导致肌肉或关节损伤，把握好疼痛阈值，并且要保持持续性锻炼，逐渐增加身体的柔韧性和舒展性。

（二）力量与柔韧性相结合

要认识到力量与柔韧性是相辅相成的，柔韧训练应与力量素质训练相协调，避免因过度拉伸而导致肌肉无力或关节不稳定。

（三）重视全身各部位

柔韧训练要注重全身各个部位的柔韧性，包括颈部、肩部、腰部、臀部、大腿和小腿等。均衡地提高身体各部位的柔韧性有助于保持身体的整体平衡和协调性。

（四）注意呼吸

在进行拉伸动作时，要特别注意呼吸的控制。深而缓慢的呼吸有助于放松身体，增加拉伸的效果。

（五）定期评估进展

定期评估柔韧训练的进展，检查身体柔韧性的改善情况，并相应调整训练计划。及时发现问题并进行调整，有助于更好地实现训练目标。

第五节　健美操运动的耐力素质练习

一、耐力素质训练法

健美操耐力素质训练旨在提升运动员在长时间、高强度的健美操表演中保持良好体能状态和动作质量的能力。耐力训练可分为有氧耐力训练和无氧耐力（或称力量耐力）训练，具体方法如下。

（一）有氧耐力训练

1. 持续性有氧训练

（1）长距离跑步　进行慢跑或匀速跑等，有助于提高心肺耐力和肌肉耐力。

（2）有氧操课　参与专门设计的有氧健身操课程，锻炼心肺耐力和协调性。

2. 间歇性有氧训练

（1）间歇跑　如快慢交替跑、梯度跑，通过短时间高速跑与恢复期的慢跑交替进行，提升有氧耐力和恢复能力。

（2）间歇有氧操　在健美操训练中加入高强度间歇环节，如高强度跳跃、快速步伐等，间歇时进行低强度活动或休息。

3. 有氧器械训练

（1）动感单车　进行中低强度、长时间的骑行训练，通过调节阻力和节奏，模拟山地爬坡和平路骑行，提高心肺耐力。

（2）椭圆机、划船机　利用这些有氧器械进行全身性的有氧运动，调整运动强度和时间，以适应不同阶段的耐力训练需求。

（二）无氧耐力（力量耐力）训练

1. 重复性力量训练

（1）重量训练　使用哑铃、杠铃等进行多次数、中低重量的力量训练，如深蹲、硬拉、卧推等，每组 12 ~ 20 次，进行多组训练。

（2）自体重训练　如俯卧撑、仰卧起坐、引体向上等，以较高次数（12 次以上）进行，锻炼特定肌群的耐力。

2. 爆发力训练

（1）短距离冲刺跑　如 100 米、200 米全力冲刺，间歇后重复进行，提高快速力量输出和恢复能力。

（2）爆发力跳跃　如立定跳远、深蹲跳等，要求短时间内产生最大力量，重复进行以提升下肢爆发力耐力。

3. 健美操专项耐力训练

（1）成套动作练习　反复演练完整的健美操套路，注重动作的准确度和连贯性，提升在持续表演中保持动作质量的能力。

（2）高冲击动作组合　设计包含跳跃、转身、踢腿等高冲击动作的组合，进行多次重复，以增强在快速动作变换中的力量耐力。

知识链接

呼吸功能训练的方法有缩唇呼吸、腹式呼吸、呼吸训练器阻力训练以及呼吸操。

缩唇呼吸	缩唇呼吸的方法：经鼻腔吸气，嘴巴呼气，呼气时嘴唇呈吹口哨样，吸呼时间比：1∶2，即吸气2～3秒，呼气4～6秒，频率以16次/分为宜。缩唇呼吸的关键是要把握呼气力度：呼出气流能使距口唇15～20cm处的蜡烛火焰倾斜而不熄灭。它是通过增加气道阻力，降低呼吸速率，避免外周小气道提前塌陷闭合，有利于肺泡内气体排出，有助于下一次吸气时吸入更多的新鲜空气，增加潮气量及增强运动耐力，缓解缺氧症状、改善肺功能
腹式呼吸	腹式呼吸方法要与缩唇呼吸结合：胸部不动，吸气时腹部隆起呼气时腹部回缩。腹式呼吸的训练：每分钟做8～10次，每次3～5分钟，每日数次，特别注意腹式呼吸连续练习2～3次，要休息片刻。腹式呼吸是通过增大膈肌活动度，减少呼吸肌耗氧量，增加肺动态顺应性和肺通气量，缓解呼吸困难，从而改善肺功能
呼吸训练器阻力训练	呼吸训练器是一种新型恢复呼吸正常的理疗辅助用品，它的结构非常简单包括咬嘴、连接管，浮球及外壳，它的使用简单、方便。第一步将余气呼尽后立即含住咬嘴深慢的吸气，第二步吸满后嘴巴移开咬嘴缓慢做缩唇呼气
全身呼吸操	呼吸操是一种腹式呼吸与缩唇呼吸联合应用的全身参与运动的呼吸训练方式。呼吸操通过上肢活动、侧弯活动、转体活动等扩大了胸廓和膈肌的活动度。有研究表明，人体内的膈肌上下活动增加1cm，肺活量可增加500ml。对慢性阻塞性肺疾病的预防和治疗是我国医疗卫生系统的重点课题之一。慢性阻塞性肺疾病防治协作工作组向大众推荐一套全身性呼吸操，具体练习方法如下。 第一步：平静呼吸 第二步：两脚分开与肩同宽，双手叉腰，立位吸气，前倾呼气，复吸倾呼 第三步：单臂上举吸气，双手压腹呼气，左右交替，举吸压呼 第四步：平举上肢吸气，双臂下垂呼气，举吸垂呼 第五步：平伸上肢吸气，双手压腹呼气，伸吸压呼 第六步：双手抱头，转体呼气，旋呼复吸 第七步：上肢上举吸气，蹲位呼气，举吸蹲呼 第八步：腹式缩唇呼吸，隆吸复呼 第九步：平静呼吸

二、训练安排

健美操耐力素质训练流程应兼顾有氧耐力与无氧耐力（力量耐力）的提升，确保运动员在长时间、高强度的健美操表演中保持良好体能状态和动作质量。以下是一个综合性的耐力训练流程安排（表8－5）。

表8－5 耐力素质训练流程案例

顺序	时间	训练内容
热身与激活	10至15分钟	**1. 动态热身** 全身关节活动，如30秒高抬腿跑，30秒踢臀跑等提高肌肉温度、增加关节灵活性和血液循环 **2. 特定肌群拉伸** 拉伸应针对即将参与耐力训练的主要肌肉群，如腿部、臀部和核心肌群 **3. 心肺激活** 通过轻至中等强度的心肺活动提高呼吸和循环系统的效率，为耐力训练奠定基础。如持续1～2分钟原地踏步，开合跳重复15～20次，进行2～3分钟慢跑等

续表

顺序	时间	训练内容
主训练	55至70分钟	**1. 有氧耐力训练** （1）持续性有氧训练 ①长距离跑步：慢跑或匀速跑，保持心率在有氧区间（最大心率的60%～70%），持续15分钟以上，增强基础心肺耐力 ②有氧操课：参加有氧舞蹈或踏板操课程，持续30分钟以上，提高心肺功能的同时增强身体协调性 （2）间歇性有氧训练 ①间歇跑：快慢交替跑，如1分钟快速跑接2分钟慢跑，循环8～10轮，提升有氧耐力和速度恢复能力 ②间歇有氧操：结合高强度跳跃、快速步伐等，每段高强度30秒至1分钟，间隔低强度活动或休息1～2分钟，进行5～6轮 （3）有氧器械训练 ①动感单车：中低强度骑行20～45分钟，模拟不同地形，提升心肺耐力和下肢力量 ②椭圆机/划船机训练：交替使用椭圆机和划船机，中等强度，每次10分钟，强化全身耐力 **2. 无氧耐力（力量耐力）训练** （1）重复性训练 ①重量训练：分肌群进行，如深蹲3×12次，硬拉3×12次，卧推3×12次，每组之间休息1～2分钟 ②自体重训练：俯卧撑、仰卧起坐、引体向上，每种动作3～4组，每组15～20次，间歇30秒 （2）爆发力训练 ①短距离冲刺跑：100米冲刺，每次全力，间歇3～5分钟，重复6～8次 ②爆发力跳跃训练：立定跳远、深蹲跳等，每组10次，共3～4组，组间休息1～2分钟 **3. 健美操专项耐力训练** （1）成套动作练习：复习并练习完整健美操套路，注重细节与连贯性，每次完整练习后休息5分钟，共进行3次 （2）高冲击动作组合：设计包含高冲击动作的组合，如跳跃、转身、踢腿等，每组动作重复10次，组间休息1分钟，总计4～5组
冷却与恢复	5至10分钟	**1. 冷热疗法**　根据个人感受和训练强度，可以交替使用冷敷和热敷。冷敷有助于减少肌肉炎症和肿胀，适用于急性疼痛或肿胀的部位；热敷则有助于放松肌肉，促进血液循环 **2. 静态拉伸**　进行全身主要肌群的深度拉伸，如股四头肌、腘绳肌、胸大肌、背阔肌等，每个动作保持15～30秒 **3. 慢跑或轻松步行**　进行慢跑或轻松步行，帮助身体逐渐从剧烈运动过渡到休息状态，这有助于降低心率和呼吸频率

知识链接

热敷的注意事项：注意毛巾和热水袋切不可过烫，以免烫伤。对于伤口有神经损伤，局部麻木的患者更应该格外小心。注意保持伤口敷料干燥，一旦不慎弄湿，需及时更换伤口包扎敷料，以免感染。时间间隔：每间隔1个小时可以重复热敷。每次热敷15～20分钟即可。

冷敷的注意事项：时间不能持续过久，每敷20～30分钟应停一会再敷。

第九章 健美操专项游戏

章前导言

在当今体育教育的广阔天地里，学校体育游戏作为教育性游戏的核心组成部分，正以它独特的魅力和显著的教学成效，赢得广大师生的青睐。本章深入挖掘健美操这一专项运动的魅力，创造性地设计了一系列集趣味性、锻炼性于一体的教育性游戏。这不仅是对健美操教学的有益补充，更是一次对青少年体育教育理念的深刻探索。它以游戏为载体，将规则意识与挑战精神巧妙融合，旨在培养体质强健、品德优良、勇于挑战的新时代青年。

学前思索

1. 健美操专项游戏在体育教育中扮演了什么样的角色？
2. 举例说明健美操专项游戏如何帮助学生提高身体素质和心理素质？
3. 体育思政教育如何借助健美操专项游戏弘扬规则意识与挑战精神？

第一节 队列队形游戏

一、一切行动听指挥

（一）游戏目的

练习基本动作（踏步、并步、旋转），提高注意力，培养团队意识。

（二）场地器材

红、绿旗帜各一面；在平整的场地上画两条相距 25 ~ 30m 的平行线。

（三）游戏方法

把学生分成人数相等的若干队，成纵队站立在起点线后。教师站在终点线后，两手各持红、绿旗指挥。游戏开始，绿旗上举时各队前进；红旗上举时各队原地踏步；绿旗侧举时各队并步前进；红旗侧举时学生原地转体 360°后继续原地踏步。游戏中旗帜指令随机变换（图 9 – 1）。

（四）游戏规则

各队必须按照规定信号行动，如出现步调不一致，则全队回到起点重新开始，以最后一名同学先越过终点线为胜。

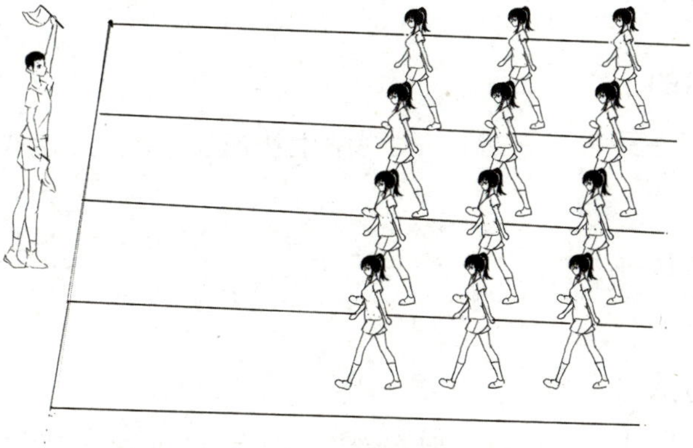

图 9－1　一切行动听指挥

二、听数组团

（一）游戏目的

集中注意力，提高快速反应能力，激发运动兴趣。

（二）场地器材

平坦空地一片。

（三）游戏方法

将学生围成一个圆圈，做逆时针环形慢跑。当听到教师喊出数字口令时，立即按照所喊数字做相应人数搭肩组团，数字与人数不对应者均为失败（图 9－2）。

（四）游戏规则

听到数字口令后立即反应搭肩组成一团。

图 9－2　听数抱团

三、抓手指

（一）游戏目的

练习基本手型（开掌、一指），发展学生快速反应能力，锻炼协调性，激发运动兴趣。

（二）场地器材

平坦空地一片。

（三）游戏方法

学生面向圆心围成一个圆圈，所有学生左手成‘开掌’伸向左侧相邻的同学，右手成“一指”垂直放到右侧相邻同学的左手掌心上。教师发出“原地踏步走”口令后，全体同学原地踏步，并听从“一二一”的口令统一步伐。当听到“一二三”口令时，全体同学左手迅速抓左侧同学的手指，同时快速抽回自己的右手，设法逃脱。能够抓住别人又能成功逃脱的学生为胜（图 9－3）。

（四）游戏规则

抢抓握或手掌不张开，则抓住无效；抢先逃脱无效。

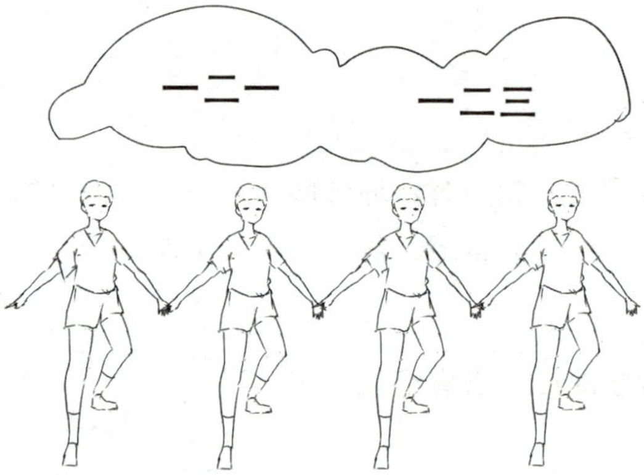

图 9－3　抓手指

第二节　徒手类游戏

一、击掌令

（一）游戏目的

练习基本动作，发展协调素质，激发学习兴趣。

（二）场地器材

平整、光滑场地一片。

（三）游戏方法

学生成体操队形站立，教师在游戏前向学生讲解并示范规定动作，即击掌 1 次、击掌 2 次、击掌 3 次……所代表的动作（基本手型或基本步伐）。游戏开始时，教师随机击掌，学生按照击掌信号，在两拍内迅速反应做出事先规定的徒手操动作。

（四）游戏规则

做错或未在规定时间内做出动作的同学为失败，累计失败 3 次的同学将完成相应素质练习。

二、照镜子

（一）游戏目的

提高动作模仿能力和徒手操动作编排能力。

（二）场地器材

平整、光滑场地一片。

（三）游戏方法

学生成两列横队体操队形面对面站立。相对两人为一组，第一列学生先做 5 个上下肢配合的自编徒手操动作，由对面学生按照镜面动作正确模仿对应同学的动作，完成后两人交替进行（图 9－4）。

（四）游戏规则

根据学生的专项运动水平和能力要求在 2～5 秒内完成动作模仿，超时或模仿错误即为失败。

（三）游戏方法

学生平均分成两队，每队成两路纵队面对标志物站在预备线后。游戏开始时，播放音乐，第一排左右两人一组用一根跳绳在音乐的节奏下协调一致地向前做跳绳跑，待绕过标志物后跳绳跑回，将跳绳交给下一组队员，其他人仍站在预备线后，跳完的队员迅速站到队尾，依此类推，最后一组同学先回到起点的一队获胜（图9－7）。

（四）游戏规则

交接时不许扔绳，须在起点线和预备线之间交接绳；跳绳的速度和节奏要根据音乐的快慢进行调整；中途失误应回到失误地点继续完成；两人各持绳一端同时摇绳跳跃。

图9－7　双人跳绳接力

三、滚球接龙

（一）游戏目的

发展协调性和节奏感，培养合作意识。

（二）场地器材

平整、光滑的场地一片；艺术体操球1个；放音设备。

（三）游戏方法

学生手拉手面向圆心围成一个圆圈。游戏时，教师指定一名学生开始，在音乐的节奏下该生右手持艺术体操球经右臂、胸部再滚到左臂、左手接球，然后将球传给左侧同学。以此循环，3圈为一次游戏结束。游戏中球落地2次以上的学生为失败（图9－8）。

（四）游戏规则

依次滚动传递球，不可出现抛接或球跳动；尽量减少球落地次数。

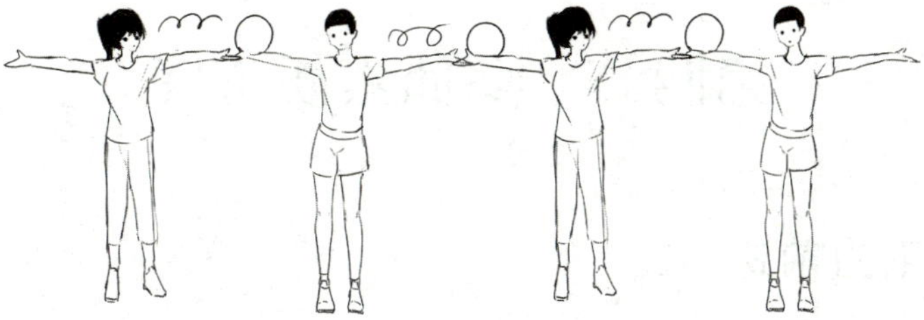

图 9-8 滚球接龙

四、滚圈接力

（一）游戏目的

培养灵活性和身体控制能力。

（二）场地器材

不低于 4m 高的平整场地一片，画两条相距 20m 的平行线，在平行线内画 4 个边长为 8m 的等边三角形；艺术体操圈 4 个（可用呼啦圈代替）。

（三）游戏方法

学生平均分成 4 队，分别成一路纵队站立在三角形顶角与平行线交点处。游戏开始时，各队排头手提圈于体侧，沿三角形边线逆时针方向拨滚圈前进，回到起点时将圈交接给下一位学生，然后站在队尾。依次进行，直至最后一位同学回到起点为游戏结束，用时最短的一队为胜（图 9-9）。

（四）游戏规则

人圈合一，同时移动；如圈出界则回到失误处继续完成。

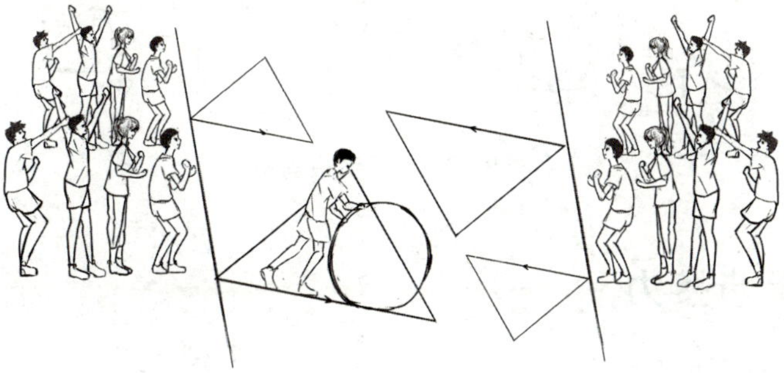

图 9-9 滚圈接力

第四节 身体素质游戏

一、毛毛虫前进

（一）游戏目的

发展力量素质，培养合作精神。

（二）场地器材

在平坦的场地上画两条间隔 10m 的平行线，一条作为起点线，另一条作为终点线。

（三）游戏方法

5 人一组，各成一路纵队双腿弯曲坐在起点线后，前四人坐在后面同学的脚背上，最后一人坐在地上；后四人双手搭在前面同学肩上，第一位同学双臂前平举即可。在游戏开始时，第一人向前躬身成蹲立，第二人迅速向前移动双脚至第一人臀下，第一人坐下后，第二人起身成蹲立，第三人移动双脚供第二人坐下，依此类推像毛毛虫向前爬行。以第一个全体通过终点线的小组获胜（图 9－10）。

（四）游戏规则

移动双脚时必须坐在后面同学的脚背上；移动时后面同学双手不得离开前面同学肩膀。

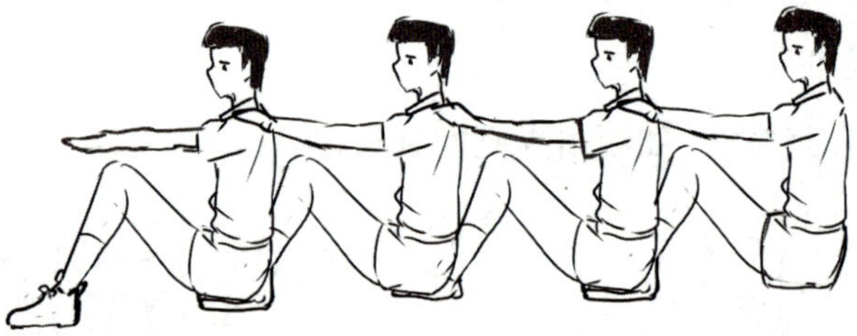

图 9－10 毛毛虫前进

二、交叉步接力

（一）游戏目的

练习基本步伐（交叉步），发展柔韧素质和协调性。

（二）场地器材

在平坦的场地上画两条相距 15m 的平行线，分别作为起点线和折返线（对侧起点线）。

（三）游戏方法

学生平均分成两队，每队平均分成两组，分别成一路纵队相对站立于起点线和折返线后，做交叉步跑迎面接力。交叉步跑即为一侧腿始终向前迈步，另一侧腿借助腰部转动完成前交叉、后交叉交替向前的动作，到对面起点线后与对面同学击掌，到队尾排队，同时，对面同学交叉步跑回，依次进行，直至每一位同学均跑完一次为结束，用时最短的一队获胜（图 9－11）。

（四）游戏规则

脚下步伐清晰，身体不过分扭转。

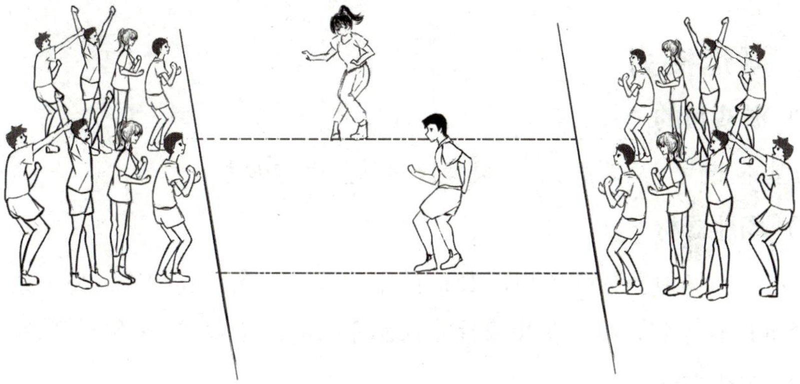

图 9－11　交叉步接力

三、传递游戏

（一）游戏目的

练习基本步伐（开合跳），发展柔韧素质和腰腹力量。

（二）场地器材

实心球 4 个；放音设备。

（三）游戏方法

学生平均分成 4 组，各成一路纵队间隔 3m 并排站立，前后相距一臂，每组排头双手持球。游戏开始时，排头双手持球经过头顶向后传递，第二位同学双手接球后呈“开合跳”姿势将球从胯下传递给第三位同学，依次上下传递，最后一位同学双手接球后迅速跑到排头位置重复传递，直至第一位同学再次持球跑回排头位置为游戏结束。用时短者为胜（图 9－12）。

（四）游戏规则

上下传递球，不可抛接；持球跑至排头站好位置后再开始传递。

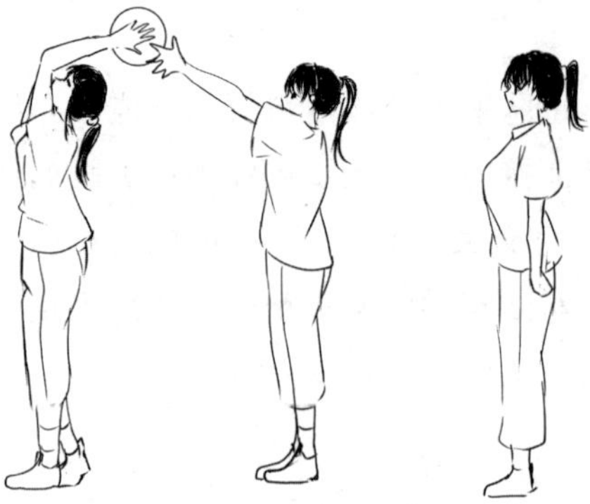

图 9－12 传递游戏

四、搬运接力

（一）游戏目的

练习基本步伐（后踢腿），发展速度素质和奔跑能力。

（二）场地器材

在一片平坦场地上画两条相距 15m 的平行线，一条为起跑线，另一条上立两根间隔 4～5m 的标志物；根据学生身体素质水平实心球准备 2～6 个不等。

（三）游戏方法

学生平均分成 2 队，每队成一路纵队面对标志物站立于起点线后，每队排头两手抱 1～3 个实心球（根据学生身体素质水平）。游戏开始时，抱球同学采用后踢腿跑的动作迅速跑至对面绕过标志物返回起点，将球交接给第二名同学，然后站到队尾，第二位同学抱球采用后踢腿跑的动作出发绕标志物返回，依此类推，直至最后一名同学返回起点为游戏结束，用时短者获胜（图 9－13）。

（四）游戏规则

后踢腿不标准者罚回重跑；中途掉球者应在原地捡球抱好后再继续跑；不绕标志物者罚回重跑；起点线后交接球。

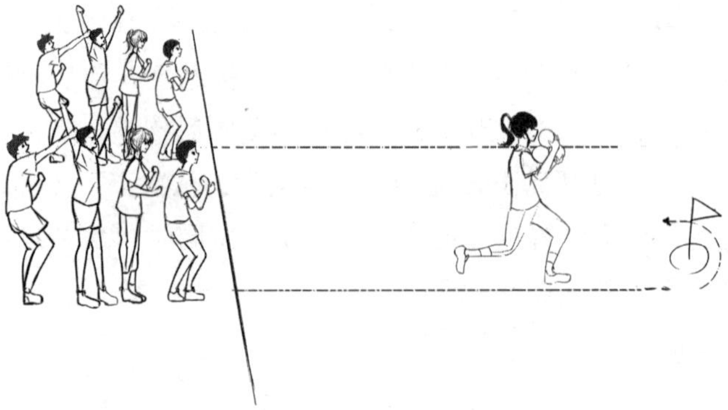

图 9－13 搬运接力

课后习题

1. 选取一例健美操专项游戏，分析其蕴含的体育思政教育意义，并设计一套实施方案，在班级或社团中推广该游戏。

2. 结合健美操专项游戏的特性，讨论如何通过游戏的形式教授健美操基本技术，以及如何在游戏中培养学生遵守规则、尊重对手、公平竞争等体育道德。

3. 比较传统健美操训练与健美操专项游戏在培养学生身心素质方面的异同及游戏化教学在健美操课程中的优势和挑战。

附　录

附录一　健美操常用词汇中英对照

一、健美操课堂教学常用词汇

1. 健美操	aerobics
2. 竞技健美操	aerobic gymnastics
3. 集合	fall in/line up
4. 解散	fall out
5. 立正	attention
6. 稍息	relax/stand at ease
7. 报数（1—2 报数）	count off (count off by two)
8. 向右（左）看齐	eyes right (left)
9. 向前看	eyes forward
10. 跑步走	double march
11. 立定	stand still
12. 开始位置	start position
13. 结束姿势	end position
14. 预备—开始	ready – go
15. 4 个 8 拍	4 times 8/4. 8 – count
16. 向右（左、后）转	turn right (left, back)
17. 坐（蹲）下	sit down (squat down)
18. 准备活动	warming up
19. 整理活动	cooling down
20. 身体素质练习	training fitness
21. 示范	demonstration
22. 质量	quality
23. 队形	formations
24. 动作	action/movement
25. 训练	train
26. 竞赛	competition
27. 表演	performance
28. 小结	summary
29. 增强自学能力	enhance self – learning ability
30. 培养创编能力	cultivate composition ability
31. 提高组织能力	increase organization ability
32. 布置作业	arrange the homework
33. 实践课	the practice lesson
34. 理论课	the theory lesson
35. 理论考试	the theory examination
36. 技术考试	the skill examination (test)

二、健美操动作常用词汇

（一）常用上肢动作

1. 掌型	pulm form
2. 拳型	fist form
3. 五指张开掌型	jazz
4. 冲拳	punch
5. 绕环	circle
6. 交叉	cross
7. 两（左、右臂）伸直	arms（ left arm ， right arm）stretching
8. 两臂前举	arms forward
9. 两臂上举	arms upward
10. 两臂侧举	arms sideward
11. 两臂侧上举	arms obliquely upward
12. 两臂侧下举	arms obliquely downward
13. 两臂下（前、后）摆	swing arms downward（forward, backward）
14. 屈臂	bend arms（ bicep curl）
15. 振臂、摆臂	swing arms
16. 两手叉腰	hands on waist
17. 双手撑地	put hands straight

（二）常用下肢动作

1. 基本步伐	basic steps
2. 踏步	march
3. 后踢腿跑	jock
4. 踢腿跳	kick
5. 开合跳	jumping jack
6. 吸腿跳	knee lift
7. 弓步跳	lunge
8. 弹踢腿跳	skip
9. 走步	walk
10. 跑步	jog（run）
11. 步	mambo
12. 并步	step touch
13. 点地（后脚跟点地）	heel tap forward
14. 摆腿	leg swing
15. 蹲	squat
16. 一字步	easy walk
17. 交叉步	grapevine
18. V 字步	V – step
19. 双腿跳	jump
20. 单腿跳	hop
21. 跑跳步	running jump
22. 弹动	rebounce
23. 单膝跪立	single leg half – kneeling

52. 熟练	virtuosity
53. 幅度	amplitude
54. 比赛场地	competition area
55. 冠军（金牌）	champion（gold medal）
56. 亚军（银牌）	1st runner – up（medal in silver）
57. 季军（铜牌）	second runner – up（medal in bronze）
58. 队形变化	formation changing

附录二 国家学生体质健康标准——高校（2014 年修订）

等级	单项得分	肺活量				50 米跑				坐位体前屈				立定跳远				引体/仰卧起坐				耐力跑			
		大一、大二		大三、大四		大一、大二		大三、大四		大一、大二		大三、大四		大一、大二		大三、大四		大一、大二		大三、大四		大一、大二		大三、大四	
		男	女	男	女	男	女	男	女	男	女	男	女	男	女	男	女	男	女	男	女	男	女	男	女
优秀	100	5040	3400	5140	3450	6.7	7.5	6.6	7.4	24.9	25.8	25.1	26.3	273	207	275	208	19	56	20	57	317"	318"	315"	316"
	95	4920	3350	5020	3400	6.8	7.6	6.7	7.5	23.1	24	23.3	24.4	268	201	270	202	18	54	19	55	322"	324"	320"	322"
	90	4800	3300	4900	3350	6.9	7.7	6.8	7.6	21.3	22.2	21.5	22.4	263	195	265	196	17	52	18	53	327"	330"	325"	328"
良好	85	4550	3150	4650	3200	7	8	6.9	7.9	19.5	20.6	19.9	21	256	188	258	189	16	49	17	50	334"	337"	332"	335"
	80	4300	3000	4400	3050	7.1	8.3	7	8.2	17.7	19	18.2	19.5	248	181	250	182	15	46	16	47	342"	344"	340"	342"
及格	78	4180	2900	4280	2950	7.3	8.5	7.2	8.4	16.3	17.7	16.8	18.2	244	178	246	179		44		45	347"	349"	345"	347"
	76	4060	2800	4160	2850	7.5	8.7	7.4	8.6	14.9	16.4	15.4	16.9	240	175	242	176	14	42	15	43	352"	354"	350"	352"
	74	3940	2700	4040	2750	7.7	8.9	7.6	8.8	13.5	15.1	14	15.6	236	172	238	173		40		41	357"	359"	355"	357"
	72	3820	2600	3920	2650	7.9	9.1	7.8	9	12.1	13.8	12.6	14.3	232	169	234	170	13	38	14	39	402"	404"	400"	402"
	70	3700	2500	3800	2550	8.1	9.3	8	9.2	10.7	12.5	11.2	13	228	166	230	167		36		37	407"	409"	405"	407"
	68	3580	2400	3680	2450	8.3	9.5	8.2	9.4	9.3	11.2	9.8	11.7	224	163	226	164	12	34	13	35	412"	414"	410"	412"
	66	3460	2300	3560	2350	8.5	9.7	8.4	9.6	7.9	9.9	8.4	10.4	220	160	222	161		32		33	417"	419"	415"	417"
	64	3340	2200	3440	2250	8.7	9.9	8.6	9.8	6.5	8.6	7	9.1	216	157	218	158	11	30	12	31	422"	424"	420"	422"
	62	3220	2100	3320	2150	8.9	10	8.8	10	5.1	7.3	5.6	7.8	212	154	214	155		28		29	427"	429"	425"	427"
	60	3100	2000	3200	2050	9.1	10	9	10	3.7	6	4.2	6.5	208	151	210	152	10	26	11	27	432"	434"	430"	432"

续表

等级	单项得分	肺活量				50 米跑				坐位体前屈				立定跳远				引体/仰卧起坐				耐力跑			
		大一、大二		大三、大四		大一、大二		大三、大四		大一、大二		大三、大四		大一、大二		大三、大四		大一、大二		大三、大四		大一、大二		大三、大四	
		男	女	男	女	男	女	男	女	男	女	男	女	男	女	男	女	男	女	男	女	男	女	男	女
不及格	50	2940	1960	3030	2010	9.3	11	9.2	10	2.7	5.2	3.2	5.7	203	146	205	147	9	24	10	25	452"	444"	450"	442"
	40	2780	1920	2860	1970	9.5	11	9.4	11	1.7	4.4	2.2	4.9	198	141	200	142	8	22	9	23	512"	454"	510"	452"
	30	2620	1880	2690	1930	9.7	11	9.6	11	0.7	3.6	1.2	4.1	193	136	195	137	7	20	8	21	532"	504"	530"	502"
	20	2460	1840	2520	1890	9.9	11	9.8	11	-0.3	2.8	0.2	3.3	188	131	190	132	6	18	7	19	552"	514"	550"	512"
	10	2300	1800	2350	1850	10	11	10	11	-1.3	2	-0.8	2.5	183	126	185	127	5	16	6	17	612"	524"	610"	522"

单项指标与权重

单项指标	体重指数（BMI）	肺活量	50m	坐位体前屈	立定跳远	引体向上/1 分钟仰卧起坐	1000m 跑（男）/800m 跑（女）
权重	15	15	20	10	10	10	20

体质测试加分

项目 分值	仰卧起坐	引体向上	800 米（女）	1000 米（男）
10	13	10	-50″	-35″
9	12	9	-45″	-32″
8	11	8	-40″	-29″
7	10	7	-35″	-26″
6	9	6	-30″	-23″
5	8	5	-25″	-20″
4	7	4	-20″	-16″
3	6	3	-15″	-12″
2	4	2	-10″	-8″
1	2	1	-5″	-4″

参考文献

[1] 唐代兴. 体育作为一种身体活动育智、育心的生生伦理本质 [J]. 上海体育学院学报, 2023, 47 (12): 1 - 11 + 44.

[2] 孙清柳. 我国竞技健美操竞赛组织体系现状与优化策略研究 [J]. 文体用品与科技, 2023, (21): 64 - 66.

[3] 国际体操联合会. 国际健美操竞赛规则 (2022 - 2024) [EB/OL]. (2022. 6. 14) [2024. 3. 15]. https: //www. gymnastics. sport/site/rules/#4.

[4] 刘柳, 吴卫东. 健美操 [M]. 北京: 北京师范大学出版社, 2020.

[5] 赵富学, 陈蔚, 王杰, 陈慧芳. "立德树人" 视域下体育课程思政建设的五重维度及实践路向研究 [J]. 武汉体育学院学报, 2020, 54 (4): 80 - 86.

[6] 于可红, 邱亚君. 健美操教学与训练教程 [M]. 北京: 高等教育出版社, 2019.

[7] 匡小红. 健美操 [M]. 2 版. 北京: 高等教育出版社, 2019.

[8] 李德玉, 胡素霞. 健美操 [M]. 北京: 化学工业出版社, 2018.

[9] 赵晓玲. 健美操教程 [M]. 重庆: 重庆大学出版社, 2017.

[10] 黄宽柔, 李佐慧. 健美操 [M]. 2 版. 北京: 高等教育出版社, 2016.

[11] 雷耿华. 健美操 [M]. 西安: 西安电子科技大学出版社, 2015.

[12] 张蓓, 杨炳成. 高校双语教学满意度与忠诚度影响因素研究——基于结构方程模型的实证分析 [J]. 复旦教育论坛, 2015, 13 (3): 53 - 59.

[13] 张杰. 健美操教程 [M]. 北京: 北京体育大学出版社, 2014.

[14] 文岩. 健美操教程 [M]. 上海: 复旦大学出版社, 2014.

[15] 朱晓龙, 李立群. 健美操 [M]. 杭州: 浙江大学出版社, 2014.

[16] 杨桦. 健美操运动教程 [M]. 北京: 北京体育大学出版社, 2013.

[17] 周建社, 李先雄. 健美操锻炼 [M]. 长沙: 湖南师范大学出版社, 2012.

[18] 匡小红. 健美操 [M]. 北京: 高等教育出版社, 2011.

[19] 何荣, 王长青. 健美操教程 [M]. 北京: 北京师范大学出版社, 2010.

[20] 张瑞林, 崔云霞. 健美操 [M]. 北京: 高等教育出版社, 2010.

[21] 张虹. 健美操 [M]. 北京: 北京师范大学出版社, 2008.

[22] 黄宽柔. 健美操 [M]. 北京: 高等教育出版社, 2008.

[23] 肖光来. 健美操 [M]. 北京: 人民体育出版社, 2008.

[24] 马洪韬. 健美操运动教程 [M]. 北京: 北京体育大学出版社, 2007.

[25] 黄宽柔，姜桂萍. 健美操 体育舞蹈 [M]. 北京：高等教育出版社，2006.
[26] 冯萍，张杰，钱宏颖. 健美操与体育舞蹈 [M]. 北京：高等教育出版社，2004.
[27] 马鸿韬. 健美操创编理论与实践 [M]. 北京：高等教育出版社，2004.
[28] 黄宽柔，姜桂萍. 舞蹈与健美操 [M]. 北京：高等教育出版社，2001.
[29] 韦继康，周明. 论健美操运动在高等职业大学中的教育功能和社会功能 [J]. 沈阳体育学院学报，2000，(03)：64－65.